꼴등대학

일등대학

일등대학 꼴등대학

초판인쇄 2017년 5월 20일
초판발행 2017년 5월 25일

지은이 서의호
펴낸이 김중용

총괄기획 박노일·최준규
편 집 심성보·김인숙

펴낸곳 마인드탭 MIND TAP

경기도 파주시 책향기로 441, 1004동 1004호(동패동, 책향기마을)
등록 제406-2014-000093호
전 화 070)7550-3758 팩 스 02)718-8554
홈페이지 www.mindtap.co.kr 이메일 pnc@pncmedia.co.kr
ISBN 979-11-86672-51-8 03370

※ 마인드탭은 피앤씨미디어의 자매 브랜드입니다.

정 가 12,000원

대학 서열 믿을 만한가?
어느 대학을 갈 것인가?

일등대학 꼴등대학

서의호 교수
(포스텍 대학평가위원장, 한국대학랭킹포럼(URFK) 대표)

마인드탭
MIND TAP

머리말

다시 입시철이 다가왔다.

각 대학은 수시모집 면접으로 분주하다. 학생들은 입시면접에 또 다가오는 수학능력시험 준비에 잠을 이루지 못하는 시간들이다.

각 대학은 다투어 신문지상에 각 대학들의 신입생 모집 공고를 내고 자기 대학을 홍보하고 학생들을 손짓한다.

모든 대학이 수준 높은 학생을 선발하려고 모든 지혜를 동원한다. 또 학부모와 학생들은 일등대학을 들어가려고 온갖 전략을 머릿속에서 짜낸다.

대학들은 그런 부모와 학생들을 잡기 위해 대학 서열(랭킹)을 내세우며 유혹한다. 대학 서열은 발표하는 기관마다 다르지만 자기 대학이 가장 높게 나온 랭킹을 앞세워 홍보하기에 여념이 없다.

누구든 일등대학을 들어가고 싶어한다. 꼴등대학은 들어가기 싫다.

대학의 기념품이 팔리는 대학과 안 팔리는 대학이 있다고 한다. 그 대학을 다니는 걸 자랑으로 여기는가 그렇지 아닌가의 차이일 것이다.

60~70년대의 대학생들은 교복도 입었고 사복 위에도 학교 배지를 달고 다니던 시절이 있었다.

그 시절 배지를 달고 다니던 학생들과 안 달던 학생들이 확연히 구분되었다. 심지어 어떤 여자 대학은 단과대학별로 배지의 색깔을 달리했는데 조금 처지는 단과대학에 다니는 학생들은 배지를 달지 않았고 또 남학생들은 그 색깔의 배지를 단 여학생들은 조금 깔보기도 했었던 기억이 남아 있다.

학부모들도 자식이 다니는 대학을 일등대학이면 자랑스럽게 이야기 하지만 꼴등대학이면 말하기 싫어한다.

일등대학을 들어가고자 하는 욕망은 정도의 차이는 있을지언정 교육선진국이라는 미국도 마찬가지이다.

과거의 명배우 워렌비티와 나탈리우드가 주연한 “초원의 빛”이라는 영화에서는 명문 예일대에 가라고 다그치는 아버지에 못 이겨 예일대로 간 남자주인공이 시골에 있는 애인을 잊지 못해 공부를 안 하니까 아버지가 자살을 하는 장면이 나온다.

명문 스탠포드를 졸업하고 조그만 지역의 대학으로 간 교수는 그 지역신문에 “스탠포드 졸업생이 이 마을에 왔다”라는 기사가 나와 무척 당황했다는 이야기를 들은 적이 있다.

그렇다면 어떤 대학이 일등대학이고 어떤 대학이 꼴등대학인가?

시중에서 일등으로 인식되는 대학들이 진정 내실을 들여다보면 정말 일등이고 꼴등으로 생각되는 대학이 정말 그렇게 부실한 것인가?

일반인들의 전통적인 인식이 얼마나 대학의 질을 정확히 반영하고 있을까?

각종 매체들이 발표하는 대학의 서열은 얼마나 믿을 만한가?

대학의 서열은 바뀔 수 없는 것인가?

남학생들이 깔보았던 그 색깔의 단과대학이 지금은 그 여자대학에서 엄청 각광을 받고 인기가 있는 단과대학이 되었다고 한다. 여학생들의 사회진출이 활발해지면서 그러한 현상을 가져왔다고 한다.

한국 최고의 기업그룹의 지원을 받기 시작한 한 대학은 위상이 최근 대폭 상승했다. 각종 매체의 그 대학순위가 상승하고 상위권 학생들이 지원하고 상응하는 연구력이 증대하고 있다고 한다.

한국이 국제적 감각이 뒤지던 40년 전부터 국제화에 매달리며 세계총장 회의 등을 오랫동안 개최한 한 대학의 위상도 70년대와 비교하여 엄청 상승하였다.

추락한 대학들도 있다.

공과대학으로 출발하여 일반대학으로 확대한 대학들의 위상추락을 종종 보고 있다. 2차 대학으로 1차 일등대학을 낙방한 학생을 받아 명성을 누렸던 대학들이 1차, 2차 구분없이 복수지원이 가능한 제도 때문에 열등대학으로 전락한 예를 본다.

경쟁에 있는 곳에 서열은 항상 존재한다. 국가도 서열이 있고 모든 제품에는 제품별로 서열이 있다. 올림픽은 메달로 서열을 메긴다.

대학의 서열을 피할 수 없다면 일등대학이 되기 위한 노력은 선의의 경쟁이다 그리고 일등대학과 꼴등대학을 명확히 판단할 수 있는 것은 수험자의 몫일 것이다

"일등대학 꼴등대학"

이 책을 통해서 전통적인 대학서열에 어떤 허점이 있는가? 각종 매체의 대학 서열은 믿을 만한 것인가? 대학 서열은 바뀔 수 있는가? 그렇다면 어떤 대학을 선택하는 것이 좋을까? 이런 것들을 생각해 보고 싶다.

차 례

CHAPTER 03 어떤 대학이 좋은 대학인가?

CHAPTER 04 대학 서열(랭킹)의 허와 실

01

CHAPTER

대학과 신분동질화(SS) 욕구

01 대학과 신분동질화(SS) 욕구

대학은 왜 가는가?

대학은 왜 가는가?

이 답을 구하려면, 우리는 사람들은 왜 대학을 만드나?를 먼저 생각해 볼 필요가 있다.

꽤 돈을 많이 퍼부어야 하고 이익도 보장되지 않고 그렇다고 소위 일류대학을 만드는 것은 하늘의 별따기 같이 힘든 대학을 만드는 건 이유가 무엇일까?

대학의 목적은 무엇인가? 한국에만도 4년제, 2년제 포함 400개 가까운 대학이 전 세계에 4만개가 넘는 대학이 존재하지만 왜 대학이 존재하는가 대학의 목적이 무엇인가를 빨리 말하기도 쉽지 않다.

대학의 모든 기금, 장학금, 시설, 연구, 교수 등의 목적은 우수졸업생을 사회에 공급 한다는 한 개의 목적으로 수렴한다.

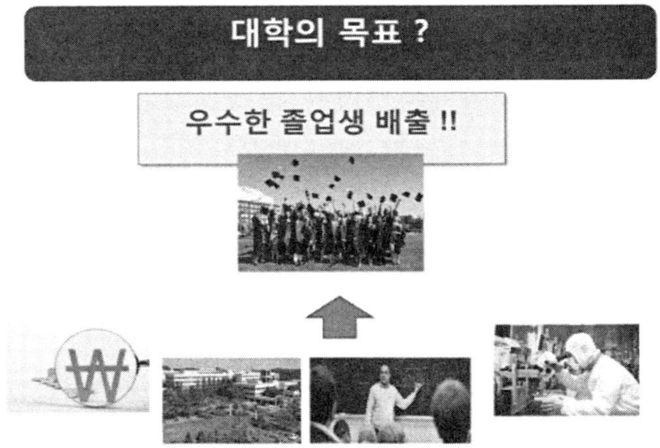

기업의 목적은 이익창출이다. 그러면 대학의 목적은 무엇일까?

빨리 말해 본다면, 대학의 목적은 "좋은 교육과 연구를 통해 질 좋은 졸업생을 배출하여 사회에 공헌하는 것"이라고 말할 수 있다.

대학의 자금력, 시설, 교수, 연구는 물론 요즘 한창 유행인 국제화도 모두 이 한 개의 목적으로 수렴된다고 할 수 있다.

문제는 대학은 특성상 결과물(Output)이 입력물(Input)에 크게 좌우되고 있다는 것이다.

음식은 떨어진 재료로 재주만 좋으면 맛있는 음식을 만들 수도 있고 제품도 조금 처진 재료로도 좋은 생산과정을 통해 좋은 제품을 만들어 낼 수도 있다.

그런데 대학은 다르다. 대학은 졸업생의 질은 입학생의 질과 크게 상관관계가 있다. 그것은 교육기관은 모두 마찬가지 입니다. 과거 명문고들이 명문대학에 엄청 많이 진학을 시켰는데 당시 그 고교선생님이 우수졸업생을 만들려면 절대적으로 우수학생을 선발할 수 있어야 한다.

입학생의 질과 졸업생의 질은 밀접한 관계가 있다. !

대학은 우수 입학생 유치 경쟁을 피할수 없다 !

나 교육의 질이 좋아서 그랬다고 생각했지만, 평준화 이후 그 명문고들의 명문대학 진학률은 형편없이 추락하였다. 결국 입학생의 질 때문에 그 명문고의 졸업생의 질이 유지된 것이다.

그렇다면 입력물인 고교생들은 어떻게 대학을 선택할까?

많은 대학들이 특히 입학처장들은 골머리를 앓고 있다. 모든 대학이 우수고교생을 끌어오기 위해 머리를 싸맨다.

어떻게 하면 질 좋은 우수한 고교생을 끌어올 수 있을까?

그건 대학의 생사를 건 싸움의 시작이다.

신분동질화 – 초원의 빛의 비극

"예일대학, 예일대학 넌 꼭 예일대학을 가야 해!"

아버지의 강요 속에 사랑하는 여자 나탈리 우드를 시골 조그마한 마을에 놔두고 워렌비티는 결국 예일대학으로 떠난다.

1970년 초 한국에서 상영하여 대 히트를 친 '초원의 빛(Splendor in the Grass)'은 영국의 낭만파 시인 윌리엄 워즈워드의 시를 주제로 '욕망의 이름이란 전차' '에덴의 동쪽' 등을 감독한 세계적인 미국의 영화감독 엘리아 카잔이 만든 애정 영화로 오스카상을 휩쓸었었다.

이 영화는 당시 전 세계의 젊은이들의 가슴을 흔들어 놓았다. 대학생 시절 이 영화를 보고 한동안 가슴앓이를 했던 기억이 있다.

각 대학에 대한 정부의 대학구조조정을 위한 데이터 제출은 대부분 대학의 기획처 직원들을 연일 밤샘을 하도록 만들고 있다.

교육부는 줄어드는 고교졸업생으로 인하여 곧 대학은 정원을 채우지 못하고 지역대학부터 정원 부족으로 큰 혼란에 빠질 것이라는 예측으로 모든 대학이 함께 고통을 분담하는 차원에서 정원을 축소하고 학과를 통폐합하라는 주문이다.

마감된 데이터 제출을 검토하여 대학을 5개의 등급으로 구분한 후 최우수 등급만 제외하고 나머지는 등급에 따라 적절한 정원감축 및 재정지원 제한을 하고 최하위 등급의 경우는 대학 폐쇄까지 불사하겠다는 것이 교육부의 생각이다. 이로 인하여 4년제, 2년제 대학 모두 홍역을 앓고 있다.

대학들의 학과통폐합으로 인하여 각 대학마다 해당학과 졸업생, 학생, 교수들의 저항운동이 일어나고 대학마다 이를 해결하느라 골머리를 앓고 있다.

2017년부터 대학정원 초과는 심각한 문제를 경험할 것이라고 예측한다.

그러나 여전히 들어가기 힘든 대학들이 있고 정원부족으로 폐쇄될 수도 있는 대학이 있을 것이다. 구조조정의 명분은 여기에 있다고 한다. 지원자 부족을 걱정하는 대학이 있는 반면 여전히 경쟁이 치열한 대학이 있는 현상을 어떻게 해석해야 할까?

여러 대학에서 대학경쟁력에 대한 순회강연을 하면서 대학지원의 동기를 '신분동질화(Status Synchronization)'라는 생각을 제시해 보았다.

대학 선택의 동기는 무엇일까? 대학의 연구, 교육 수준, 교수의 질, 시설 등 여러 요소가 있겠지만, 결국 대학 선택의 동기는 신분의 동질화에 있다.

그 대학을 졸업한 사람과 본인의 신분을 동질화시키려는 욕망에서 시작되는 것이다.

이러한 신분동질화는 브랜드가치(Brand Value)와 같은 것인데 가령 스타벅스 커피를 마신다든가 샤넬 화장품을 쓴다든가 하는 욕망과 같은 것이다.

해결책은 쉽지는 않지만 거점대학의 육성과 대학의 클러스터(Cluster)화라고 생각한다. 거점대학의 육성은 수도권 대학 집중을 막을 수 있고, 클러스터화는 대학별 서열화를 완화할 수 있다.

클러스터란 대학들이 대학별로 서열화되지 않고 그룹별로 특성화

영화속의 워렌비티와 나탈리우드의 사랑은 부모의 신분동질화의 욕망으로 이루어지지 못했다.

되는 것을 말하며, 비슷한 질의 대학들이 서열화되지 않고 어느 대학을 가든 상관없이 대학의 질이 그룹으로 대표되는 현상을 일컫는다. 현재 이공계 특성화 대학의 경우는 이러한 현상이 조금씩 나타나고 있다.

초원의 빛에서 예일로 간 워렌비티는 애인에 대한 생각으로 제대로 공부를 하지 못하고 방황한다. 예일대로 가라고 강요한 아버지는 이를 비관하여 자살하고 고향에 남은 애인 나탈리우드는 정신이상으로 정신병원에 입원하다.

이런 비극적인 전개는 지금 한국대학의 신분동질화를 위한 맹목적인 대학지원의 현상을 반영하고 있다.

"다시는 돌아오지 않는다 해도 그 속에 숨겨진 힘을 찾겠다"는 초원의 빛의 시구절처럼 이제 대학의 단순 서열화는 다시 돌아오지 않는 추억으로 묻어 버렸으면 한다.

한 수학천재 소녀와 로젠탈 효과

신분동질화의 욕구와 관련된 개념으로 로젠탈 효과라는 것이 있다.

얼마 전 천재 수학 소녀 이야기가 뜨겁게 지면을 달군적이 있다.

하버드와 스탠퍼드대학을 동시에 다니게 되었고 페이스북 창업자 주커버그가 전화를 걸어 격려해주었다는 18살 천재 소녀 이야기가 결국 거짓으로 드러나면서 이를 믿었던 국민들을 허탈 속에 몰아넣었었다.

저자도 처음 이 기사를 보았을 때 과연 두 대학을 동시에 다니는게 가능한 것인가라는 의구심을 가지면서도 대단한 천재라는 생각에 스크랩을 해서 학생들에게 보여줄 생각까지 했었다.

결국 부모가 사과까지 하게 된 이 사건의 본질은 무엇인가?

많은 이들은 과열한 간판주의 학력주의를 비난하며 이 천재소녀를 리플리 증후군에 시달리게 한 부모를 비난했다.

또한 명문대 입시에 얽매인 강박적인 우리의 교육 환경에 대한 격렬한 비난이 지면을 채웠다.

리플리 증후군(Ripley Syndrome)은 자신의 현실을 부정하면서 마음속으로 꿈꾸는 허구의 세계를 진실이라 믿고 거짓된 말과 행동을 반복하게 되는 반사회적 인격장애를 뜻하는 용어이다.

그러나, 이 천재소녀의 비극적인 결말을 과연 리플리 증후군만으로 설명할 수 있을까? 실제 현상은 어떤가? 명문대 입시, 학력 지상주의가 한국만의 문제인가?

정도는 다르겠지만 어느 나라도 마찬가지 문제는 있다.

"동경대 나오고 미국 유학을 다녀온 인재입니다"라고 사람을 소개하는 일본의 TV 멘트를 본 적도 있다.

또한 미국도 마찬가지이다.

앞에 예를 든 영화 '초원의 빛(Splendor in the Grass)'에서는 다음과 같은 대목이 나온다.

"예일대학, 예일대학 넌 꼭 예일대학을 가야 해!"

아버지의 강요로 마지못해 예일대로 간 워렌비티는 고향에 두고 온 애인(나탈리우드)에 대한 생각으로 제대로 공부를 하지 못하고 방황한다. 날로 폐인이 되어가는 아들에 대한 죄책감으로 아버지는 결국 이를 비관하여 자살하고 고향에 남은 애인 나탈리우드는 정신이상으로 정신병원에 입원한다.

이런 비극적인 전개는 지금 한국대학의 신분동질화를 위한 맹목적인 대학지원의 현상을 반영하고 있다.

1968년 미국의 심리학자 로버트 로젠탈은 초등학교 학생들과 선생님을 대상으로 한 가지 주목할 만한 실험을 했다. 즉 교사들에게 거짓으로 지적 능력과 학업 성취가 향상될 수 있는 학생들을 구별해 낼 수 있는 테스트를 개발했다고 말했다.

학생을 상대로 지능 검사를 한 후에 검사 성적과 상관없이 무작위로 20%를 뽑아 명단을 교사들에게 주면서 '지적 능력이 뛰어나거나 향상 가능성'이 높은 아이들이라고 거짓으로 믿게 하였다. 그러자 결과를 받은 교사는 결과를 토대로 학생에게 더 많은 관심과 기대를 부여했고 로젠탈 교수는 칭찬받으면 생산성이 높아진다고 했다. 일류대를 가려는 욕망은 칭찬받으려는 욕구이고, 높은 VSS를 얻고자 하는 욕망이다.

로젠탈 효과
[Rosenthal Effect]

하버드대 심리학과 교수였던 로버트 로젠탈 교수가 발표한 이론(1968)

칭찬 받는것 (일류대를 다니는것 = 높은 VSS 획득) 긍정적 효과

↓

일류대로 가고저 하는 욕망

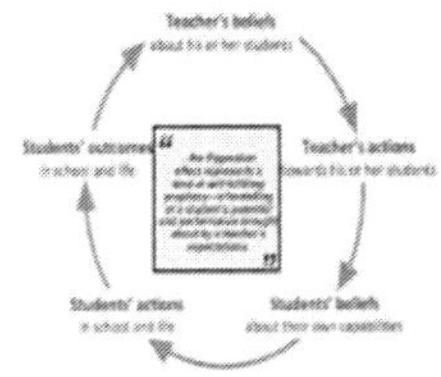

학생은 학생대로 자신이 특별하다는 기대감이 반영되면서 실제로 명단에 속한 학생들이 다른 학생들보다도 더 점수가 높게 나타났다.

이렇게 타인의 기대나 관심으로 인해 좋은 결과를 얻게 되는 현상을 로젠탈 효과라고 한다. 로젠탈 효과로 인한 강박적인 교육의 환경은 비단 우리나라뿐만 아니라 미국, 일본 등 여러 나라에서도 나타나는 사회적 현상이다. 이러한 사회 현상은 자녀들에게 지나친 학구열을 강요하는 학부모 개인의 문제로 치부할 것이 아니라, 지나친 학벌과 스펙을 요구하는 우리 사회와 우리들 자신들의 문제로 삼아야 할 것이다. 우리 사회가 강박적 교육 시스템을 반성하고, 우리 자녀들이 적성에 맞고 행복한 환경에서 공부 할 수 있는 올바른 방향의 교육을 제공할 수 있도록 노력해야 할 것이다. 수학천재 소녀와 그 가족이 이 위기를 슬기롭게 극복하고 천재소녀가 앞으로 자신의 소질을 잘 발휘하여 사회에 큰 공헌을 할 수 있기를 바란다.

점수가 남아서 그 대학 그 학과에는 못간다?

신분동질화의 욕구와 관련된 현상들이 있다. 소위 "점수가 남아서 그 대학, 그 학과에는 안간다?"는 현상이다.

수능점수가 기대보다 더 높이 나오면, 원래 가려던 학과를 바꾸기도 하고 학과를 희생해서라도 대학을 바꾸기도 한다.

수능 점수가 높으면 학과 대학을 바꾸기도 한다.

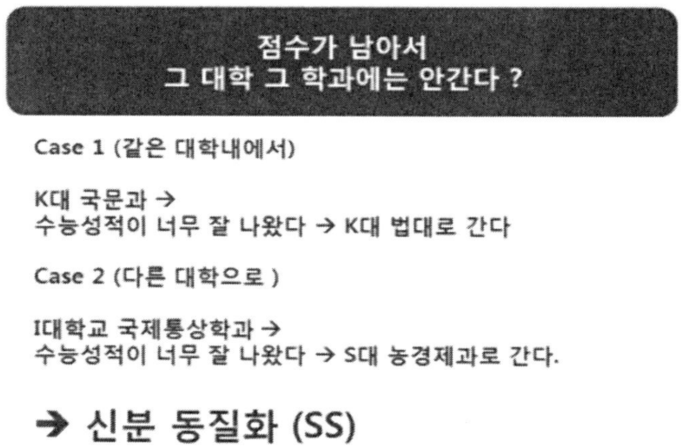

노벨상 한방이면 끝난다?

신분동질화의 욕구와 관련된 현상들이 있다. 치열한 경합을 하고 있는 과학기술 특성화 대학은 서로 자기 대학이 낫다고 주장한다.

노벨상 한방이면 끝날까? VSS가 개선되지 않는다면 쉽지 않다.

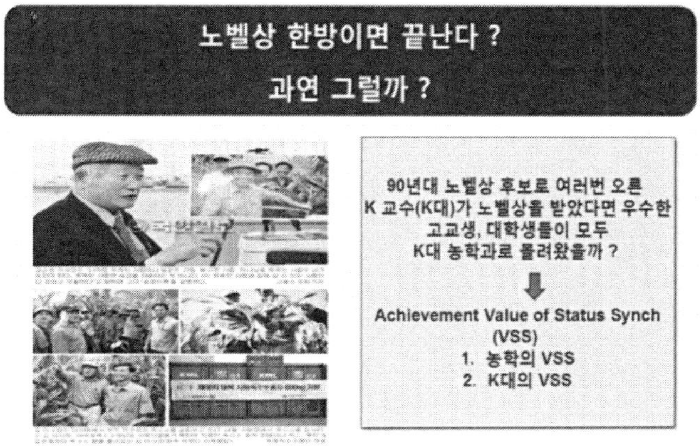

이 와중에 "노벨상 한방이면 끝난다"고 주장하는 교수들이 종종 있다. 노벨상이 없는 한국에서 노벨상을 낸다면, 타 대학의 우위에 설 수 있다는 주장이다.

과연 그럴까?

노벨상 한방이면 대학의 VSS를 대폭 올릴 수 있을까?

우리는 이런 질문을 던져 볼 필요가 있다.

90년대 노벨상 후보로 여러 번 오른 K 교수(K대)가 노벨상을 받았다면 우수한 고교생, 대학생들이 모두 K대 농학과로 몰려왔을까?

아마 그렇게 되기는 쉽지 않았을 것이다.

그건 농학과가 갖는 VSS와 K대가 갖는 VSS가 개선되지 않는 한 단순한 노벨상 수상만 가지고 우수학생들이 몰려오지는 않을 것이라는 생각이다.

그건 대학의 진학이 VSS과 절대 관계가 있기 때문이다.

신분동질화의 중요도는 제품마다 다르다

사실상 신분동질화의 중요도와 극복가능성은 제품마다 다르다. 문제는 모든 제품 중에서 대학이 가장 신분동질화가 중요하고 극복하기가 힘들다는 점이다.

신분동질화의 중요도와 극복가능성은 제품마다 다르다.

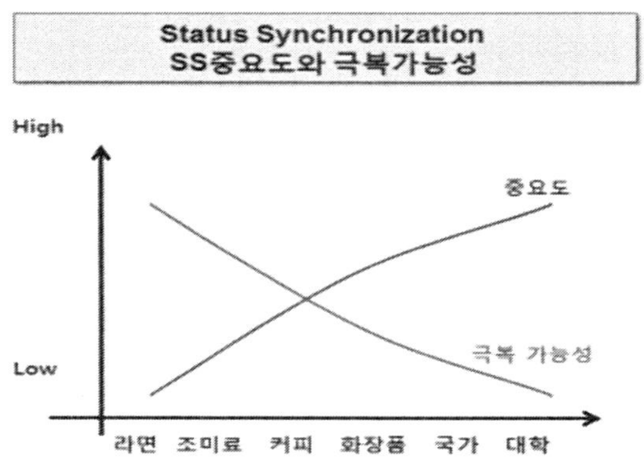

SS 극복이 가장 쉬운 건 라면일 것이다. 1963년 한국 최초의 라면 삼양라면은 다른 라면 등에 의해 추월당했다. 추월당한 것 자체가 그리 큰 문제가 된 것도 아니다. 사람들은 라면 브랜드에서 큰 SS를 느끼는 건 아니기 때문이다.

커피는 라면보다는 VSS가 주는 영향이 조금 높다. 데이트를 하고 있는 연인들에게 스타벅스를 갈래 맥도날드를 갈래 하면 아마도 스타벅스를 당연히 선호할 것이다. 스타벅스가 갖는 고급스런 이미지와 컵의 로고를 선호한다. 스타벅스의 고급스런 이미지는 80년대 초 스타벅스

라면의 VSS는 매우 낮다.

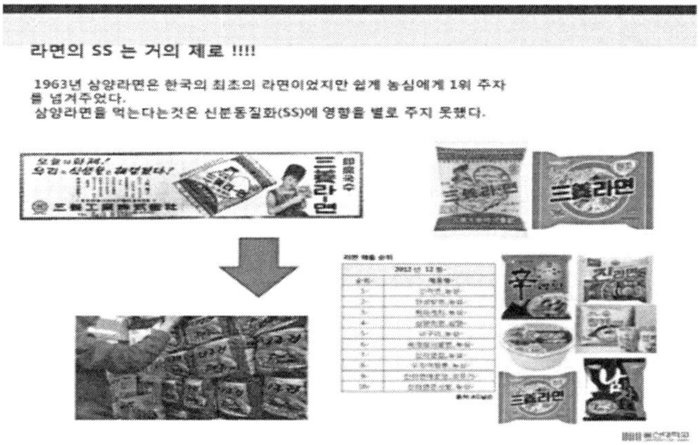

커피숍이 주로 공항에 있었던 현상과 관계가 있다. 공항은 여행을 다니는 비즈니스맨들과 관계가 있다보니 고급스런 이미지가 굳어져 갔다.

그러나 지금은 어디를 가나 스타벅스가 있다. 그런 이미 형성된 VSS는 쉽게 사그라들지 않는다. 한국에서는 부동의 1위를 지키고 있다.

스타벅스의 고급 이미지는 VSS를 지켜주고 있다.

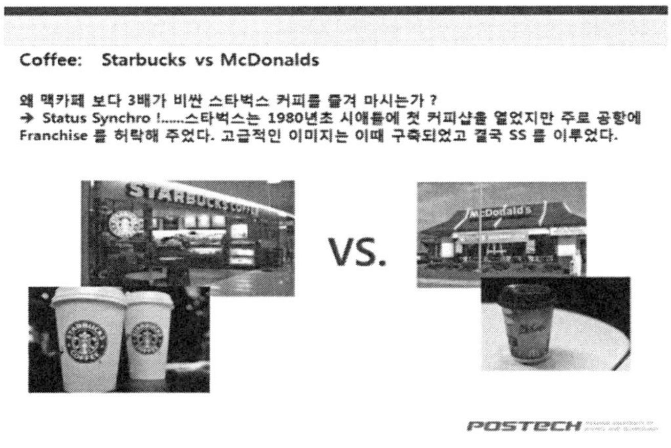

화장품도 샤넬 같은 고급 제품의 VSS를 따라잡기가 쉽지 않은 것은 한국의 화장품 회사들은 실감하고 있을 것이다.

국가는 어떤가?

1984년 배창호 감독을 스타덤에 올려준 영화 "깊고푸른밤"에서 미국 시민권자 장미희는 직업적으로 결혼과 이혼을 반복하며 상대방에게 영주권을 얻어주고 돈을 받는 장사꾼이었다. 8번째 만난 남자 안성기와 결국 비극적 종말을 맞이하는데 여기서 미국 VSS에 대한 열망을 볼 수 있었다.

그러나 6.25 당시 한국보다 잘살고 한국을 지원했던 필리핀, 태국 등을 보면 한국이 VSS를 극복한 하나의 좋은 예가 될 수 있다.

대학이 VSS 값이 가장 중요하고 이것을 올리기가 가장 어렵다. 그렇기에 대학의 VSS를 올리기 위해 모든 대학이 필사의 노력을 하지만 정말로 어렵다.

미국의 VSS에 대한 열망을 "깊고푸른밤"에서는 잘 보여주고 있다.

한국은 국가 SS를 어떻게 극복하였나?

1984년 배창호 감독, 안성기, 장미희 주연 영화 "깊고 푸른밤"은 미국 시민권자 장미희가 8번의 위장결혼을 통해 한국남자들에게 영주권을 제공하는 모습을 그리고 있다. 결국 안성기를 사랑한 장미희, 두사람의 자살로 막을 내리지만 한국인들이 "미국 SS"를 위해 미국영주권, 시민권을 얼마나 얻고 싶어했는지 당시의 모습을 보여준다.

앞에서 이미 다룬 <초원의 빛>에서는 남주인공 아버지의 예일대에 대한 VSS의 집념으로 두 사람의 비극적 사랑은 막을 내린다.

1961년 워렌비티, 나탈리 우드 주연의 〈초원의 빛〉 영화는 신분동질화를 위한 미국사회의 당시 집념을 보여 주고 있다.

■대학

명문대학에 대한 집념은 한국만의 문제는 아니다. 일본, 중국도 마찬가지이고 미국과 같은 개방적 교육국가에서도 아이비리그 같은 대학에 대한 열망은 여전하다.

02

CHAPTER

대학 서열(랭킹) 바뀔 수 있다

02 대학 서열(랭킹) 바뀔 수 있다

대학은 SS를 극복할 수 있는가?

상품마다 SS를 극복하는 난이도가 달라지는데 대학의 SS를 극복하는 것이 가장 어렵다고 하였다.

그렇다면 과연 대학의 SS를 극복하는 것이 가능할까?

결론은 엄청 어렵기는 하지만, 가능하다는 것이다.

대학은 어렵기는 하지만, SS를 극복할 수 있다.

대학은 Curve를 변경할 수 있는가?
(SS는 극복 될수 있는가 ?)

성공한 상품이 있는가 ?
성공한 대학이 있는가 ?

YES !!!

성공한 대학들이 있는가? 그림을 보면 재미있는 현상을 볼 수 있다. 1970년의 대학 서열과 2015년의 대학 서열을 보면 중요한 변화를 볼 수 있다.

이 서열은 입시시장에서 암송되는 대학 서열인데 이러한 암송되는 대학 서열의 변화가 아주 흥미롭다.

그것은 성, 중, 경의 약진이다. 즉 성균관대, 중앙대, 경희대의 약진이 눈에 띈다는 것이다.

성, 중, 경의 약진

성공한 대학도 있는가 ?

(특성화 대학 포스텍, 카이스트 제외하고)

1970년대
서연고 서외한성 카부경(북) 16 경희대 28 중앙대

2015년
서연고성 한서 중경외시

1976 입학 예비고사 대학 순위

1976년 입학(예비고사) 점수별 대학 순위

◇大學別
(성적만점—340점)

순위	대학	76년 성적	(75년)
1	서울	268.28	(258.7)
2	[illegible]	243.42	(229.4)
3	[illegible]	241.74	(228.3)
4	[illegible]	241.63	(226.1)
5	[illegible]	241.53	(228.7)
6	[illegible]	240.92	(224.4)
7	[illegible]	240.37	(221.3)
8	[illegible]	237.52	(220.7)
9	[illegible]	237.10	(224.1)
10	[illegible]	236.37	(225.6)
11	[illegible]	235.43	(218.8)
12	[illegible]	234.26	(220.6)
13	[illegible]	233.12	(223.7)
14	[illegible]	232.78	(211.8)
15	[illegible]	224.80	(212.6)
16	[illegible]	221.17	(211.8)
17	[illegible]	219.89	(200.4)
18	[illegible]	219.70	(201.7)
19	[illegible]	219.14	(208.1)
20	[illegible]	218.97	(211.7)
21	[illegible]	218.42	(183.7)
22	[illegible]	217.68	(203.6)
23	[illegible]	216.70	(198.0)
24	[illegible]	215.86	(198.7)
25	[illegible]	215.24	(198.6)
26	[illegible]	215.12	(200.9)
27	[illegible]	214.77	(201.5)
28	[illegible]	214.63	(201.1)
29	[illegible]	214.35	(202.7)
30	[illegible]	214.24	(197.2)

1. 서울대
2. 연세대
3. 이화여대
4. 항공
5. 가톨릭대
6. 부산대
7. 고려대
8. 성균관대
9. 외국어
10. 서강대
11. 산업=서울시립대
12. 한양대
13. 경북대
14. 한양대
15. 공주사범대=공주대
16. 경희대
17. 성신여자사범대=성신여대
18. 덕성여대
19. 부산수=부경대
20. 전남대
21. 제주대
22. 숙명여대
23. 총신대
24. 명지대
25. 동국대
26. 한신대
27. 전북대
28. 중앙대
29. 충남대
30. 홍익대

이는 1976 입학 예비고사 대학 순위를 보면 확연히 들어난다.

1976년 입학 예비고사 대학 순위에서 성대는 8위, 경희대는 16위, 중앙대는 28위였다.

그러나 요즘 암송되는 대학 서열에서 이 성대는 과기 특성화 대학을 제외하면 4위권 이내이고, 중앙대, 경희대 모두 모두 국내 10위권에 들어와 있다.

이는 놀라운 변화이고 그렇게 어려운 VSS의 변화가 대학에서도 실현이 가능하다는 것을 이 세 개의 대학이 보여주고 있다.

성균관대의 약진과 경희대의 TOP 10: QS 랭킹 및 중앙일보 랭킹

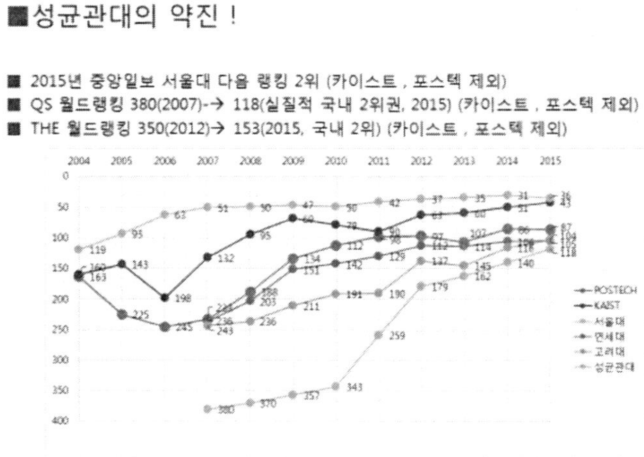

랭킹으로 VSS를 올린 대학들

1장에서 VSS가 가장 대학 선택에서 중요한 요소라고 하였고, 4장, <어떤 대학을 가야 하지>에서 다루겠지만, 대학을 선택하는 요소는 대학의 기본인프라, 연구력, VSS 중 VSS가 가장 중요하며 VSS는 여러 가지 요소로 구성되어 있다.

그러한 여러 가지 요소 중의 하나가 대학랭킹이다.

최근, 몇 개의 대학들이 최근 대학 랭킹을 향상시키며 VSS를 높이는데 성공하였다.

여기 몇 개의 대학을 소개해 본다.

대학의 Status Synchronization-SKKU & 경희대

■ 랭킹이 오래 지속되면 기존관념(Status Synchro)도 바뀔 수 있다 - 중앙일보 랭킹 (1994-2014)

순위	1994년	1995년	1996년	1997년	1998년	1999년	2000년	2001년	2002년	2003년	2004년	2005년	2006년	2007년	2008년	2009년	2010년	2011년	2012년	2013년	2014년
1	POSTECH	KAIST	POSTECH	POSTECH	KAIST	KAIST	KAIST	KAIST	POSTECH	POSTECH	POSTECH	POSTECH	KAIST	POSTECH	KAIST	KAIST	KAIST	KAIST	KAIST	POSTECH	POSTECH
2	서울대 연세대	POSTECH	KAIST	KAIST	POSTECH	POSTECH	POSTECH	POSTECH	KAIST	KAIST	KAIST	KAIST	POSTECH 서울대	KAIST	POSTECH	서울대	POSTECH	POSTECH	POSTECH	KAIST	KAIST
3	-	서울대	서울대	서울대	서울대	서울대	서울대	서울대	서울대	서울대	서울대	서울대	-	서울대	서울대	POSTECH	서울대	서울대	연세대 (서울)	성균관대	성균관대
4	-	연세대	연세대	연세대	연세대	연세대	연세대	연세대	연세대	연세대	연세대	연세대	고려대	고려대 연세대	연세대	고려대	연세대 (서울)	연세대 (서울)	서울대	고려대 (안암)	고려대 (안암)
5	-	고려대	한양대	고려대	고려대	고려대	고려대	고려대	고려대	고려대	고려대	고려대	연세대	-	고려대	연세대	고려대 (안암)	고려대 (안암), 성균관대	성균관대	서울대 연세대 (서울)	서울대
6	-	서강대	고려대	한양대	서강대	한양대	한양대	성균관대	성균관대	성균관대	성균관대	성균관대	성균관대	성균관대	성균관대	성균관대	성균관대	-	고려대 (안암)	-	연세대 (서울)
7	-	-	가톨릭대	아주대	성균관대 한양대	서강대 성균관대	성균관대	서강대	서강대	서강대 한양대	한양대	한양대	한양대	한양대	한양대	한양대	경희대	경희대	서강대	한양대 (서울)	한양대 (서울)
8	-	-	서강대	서강대	-	-	이화여대	한양대	한양대	-	서강대	서강대	서강대	서강대	서강대	경희대	서강대	한양대	경희대	서강대	중앙대 (서울)
9	-	-	아주대	가톨릭대	아주대	아주대	경희대	이화여대	이화여대	이화여대	이화여대 인하대	이화여대	경희대 이화여대 인하대	이화여대	이화여대	서강대	한양대	서강대	한양대	중앙대 (서울)	서강대 경희대
10	-	-	성균관대	경희대	가톨릭대	경희대 이화여대	서강대	가톨릭대 경희대	인하대	부산대 한양대	-	경희대	-	인하대 한국외대	경희대	한국외대	인하대	중앙대 (서울)	중앙대 (서울)	경희대	-

Technische Universität Dresden(TUD) - 독일 드레스덴 공대

저자가 TUD – 독일 드레스덴 공대의 슈타인하게 총장을 만난 건 2013년 7월 이었다.

독일정부가 대학들의 세계랭킹에 관심을 가지고 있다는 것이며 TUD가 한번 시도를 해보고 싶다고 했다.

한 달 반 동안 드레스덴 공대에 머물면서 한일은 사실상 데이터 정리였다. 대학이 가지고 있는 대학들의 데이터들이 정확치 않았고 전략적이지도 않았다.

TUD의 THE랭킹의 약진

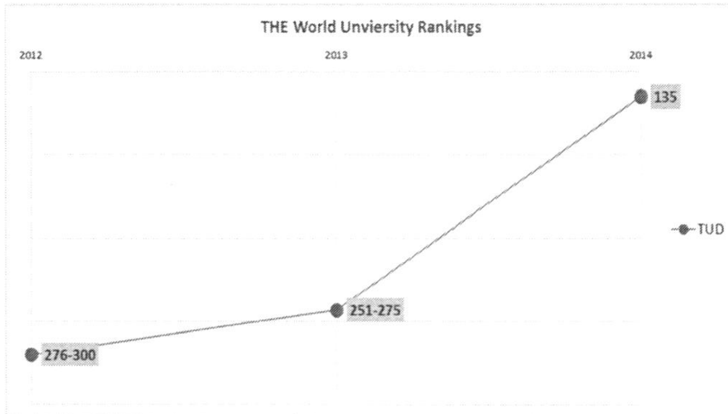

한 달 반 동안 슈타인하겐 총장과 앉아서 데이터를 잘 정리한 결과는 그 다음해에 곧 결과로 나타났다. 여기서 구체적인 방법은 일일이 기술하기 힘들지만 결과는 놀라운 것이었다.

세종대, 울산대, HUFS(한국외국어대)

세종대, 울산대 허프스(한국외대) 대학들은 최근 몇 년간 VSS를 높이기 위한 노력을 하였으며 랭킹에서 현저한 진전을 보였다.

각 대학별 노력을 대학별로 분류하지 않고 묶어서 소개해 본다.

- 데이터를 정확히 이해하고 데이터 분석을 정확히 하였다. 시뮬레이션을 통해 가장 합리적인 데이터를 구성하도록 노력하였다.
- 교수 1인당 논문이나, 교수1인당 논문 인용 수 등 연구지표값을 향상시키기 위해 다양한 전략을 구사하였다.
- 동료교수들의 평가를 향상시키기 위한 대학홍보 관련 학회 등

세종대의 최근 QS 아시아 랭킹은 경쟁대학에 비하여 현저히 높게 나타났다. 이는 입시시장의 판도를 바꿀 수 있는 토대가 된다.

세종대 – QS Asia University Rankings

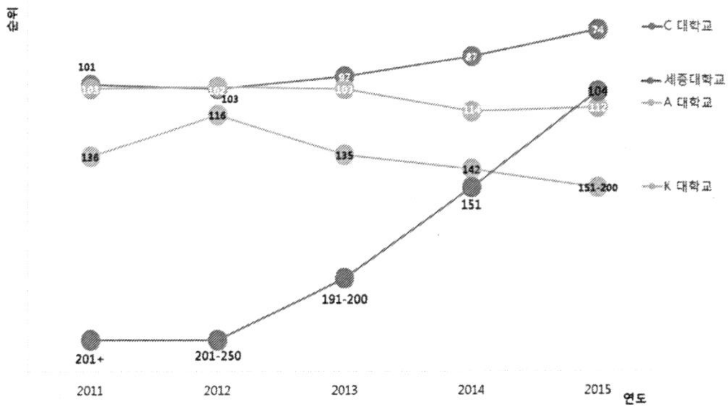

에 적극 참여하고 아시아총장회의 등의 개최로 학교를 세계에 알리기 위해 노력하였다.

– 대학을 평가하는 기관들과 합리적인 평가기준을 토의하고 합리적인 평가기준을 위한 기준을 세우기 위해 노력하였다.
– 경쟁력이 있는 전공분야를 최대한 알리고 홍보하기위해 노력하였다.
– 대학의 약점을 비용을 최소화하는 범위 내에서 개선할 수 있도록 우선순위를 정하여 개선하였다. 여기에는 총장과 본부의 정책적인 뒷받침이 있었다.

이러한 다양한 노력을 통한 대학들의 성과는 눈에 띄게 나타났다.

울산대는 THE 아시아 랭킹에서 현저히 높은 랭킹을 보여준다. 이는 의대를 중심으로 하는 연구력에서 앞서고 있다는 것을 보여준다. 이는 연구만을 보여주는 라이덴(Leiden)랭킹에서 국내 8위를 기록함으로 입증하고 있다.

울산대 – THE Asia University Rankings

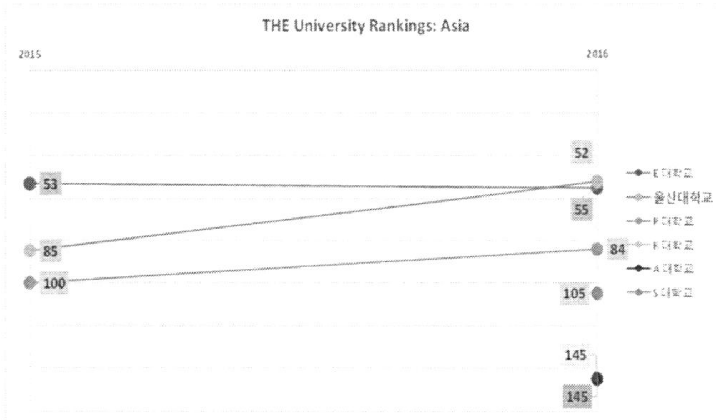

한국외대는 "옛 영광을 되찾자"라는 구호아래 네트워크 확장, 연구력 증진, 기본 인프라 개선, 합리적인 평가지표 개선 등을 통해 중앙일보 및 QS랭킹에서 최근 괄목할 만한 상승을 보여주고 있다

울산대 – Leiden Ranking 2015

Rankings	University	P *	PP (top 10%) **
1	POSTECH	3082	11.2%
2	KAIST	5048	10.4%
3	이화여자대학교	1854	8.6%
4	GIST	1391	8.5%
5	서울대학교	13249	7.4%
6	KIST	1488	7.3%
7	성균관대학교	5874	7.2%
8	**울산대학교**	**3231**	**6.6%**
9	경희대학교	4358	6.5%
10	인하대학교	2586	6.4%
11	한양대학교	4482	6.4%
12	고려대학교	5948	6.2%
13	경상대학교	1687	6.1%
14	연세대학교	8194	5.9%
15	충북대학교	1208	5.9%

* P: Number of publications (2010-2013)

** PP: Proportion of the publications of a university belonging to the top 10% of their field

한국외대 - 중앙일보 대학평가

순위	2007년	2008년	2009년	2010년	2011년	2012년	2013년	2014년	2015년	2016년
1	POSTECH	KAIST	KAIST	KAIST	KAIST	KAIST	POSTECH	POSTECH	서울대	서울대
2	KAIST	POSTECH	서울대	POSTECH	POSTECH	POSTECH	KAIST	KAIST	성균관대	한양대
3	서울대	서울대	POSTECH	서울대	서울대	연세대(서울)	성균관대	성균관대	한양대(서울)	성균관대
4	고려대 연세대	연세대	고려대	연세대(서울)	연세대(서울)	서울대	고려대(안암)	고려대(안암)	연세대(서울)	연세대(서울)
5	-	고려대	연세대	고려대(안암)	고려대(안암) 성균관대	성균관대	서울대 연세대(서울)	서울대	고려대(안암)	고려대(안암)
6	성균관대	성균관대	성균관대	성균관대	-	고려대(안암)	-	연세대(서울)	서강대	이화여대
7	한양대	한양대	한양대	경희대	경희대	서강대	한양대 (서울)	한양대(서울)	이화여대	중앙대
8	서강대	서강대	경희대	서강대	한양대	경희대	서강대	중앙대(서울)	중앙대 한양대(ERICA)	경희대 한양대(ERICA)
9	이화여대	이화여대	서강대	한양대	서강대	한양대	중앙대(서울)	서강대 경희대	-	-
10	인하대 한국외대	경희대	한국외대	이화여대 인하대	중앙대(서울)	중앙대(서울)	경희대	-	서울시립대	한국외대 인하대
11	-	한국외대 인하대	인하대	-	인하대	이화여대	이화여대	동국대 (서울)	경희대	-
12	경희대	-	이화여대	중앙대(서울)	이화여대	인하대	한양대(ERICA)	이화여대	부산대	서강대
13	부산대 건국대 중앙대(서울)	부산대	중앙대(서울)	아주대	아주대	동국대(서울)	동국대(서울)	건국대(서울)	인하대	서울시립대 아주대
14	-	중앙대(서울)	건국대	건국대	동국대(서울)	서울시립대	인하대	인하대 서울시립대	한국외대	-
15	-	아주대	부산대	한국외대	서울시립대	한국외대	아주대	-	경북대	건국대(서울)
16	경북대 아주대	건국대	경북대	서울시립대	한국외대	아주대	건국대(서울)	아주대	아주대 전북대	부산대
17	-	경북대	서울시립대	동국대(서울)	건국대	건국대	한국외대	한양대(ERICA)	-	경북대 동국대(서울)
18	한동대	서울시립대	아주대	경북대	숙명여대	경북대	부산대	부산대	충남대	-
19	서울시립대 가톨릭대	가톨릭대 홍익대	홍익대	숙명여대	경북대 전남대	부산대	서울시립대 전북대	한국외대	동국대(서울)	전남대 전북대
20	-	-	전남대	부산대	-	전북대	-	서울과기대	전남대	-

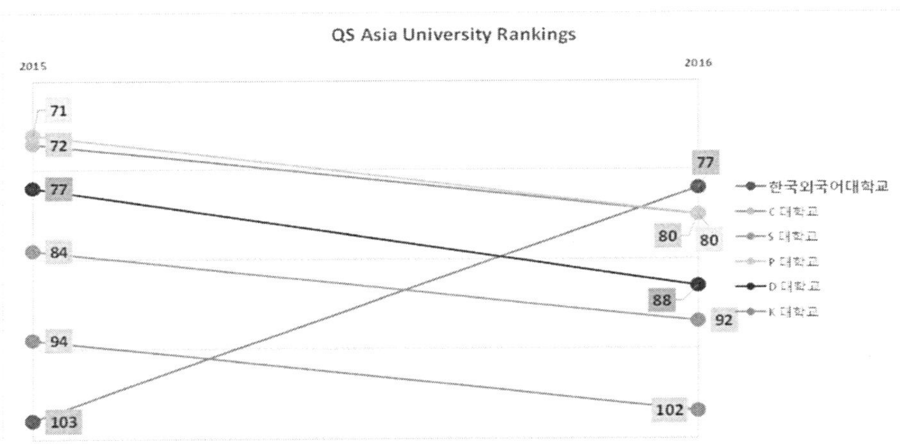

총장의 발품과 NTU(난양공대)

싱가포르에 있는 난양공대(NTU)의 스웨덴 국적의 총장 Bertil Anderson은 발품의 총장이다. 최근 4~5년간 그의 재직기간 중 그는 거의 모든 국제협력, 랭킹관련 회의에 참석하고 연설을 하고 그러한 회의들을 NTU에 유치하였다.

이와 병행하여 기금을 유치하고 우수한 교수들을 대거 유치하여 대학의 연구력도 높여갔다.

NTU의 랭킹은 충격적으로 올라갔는데 이는 연구력 강화도 부분적 이유가 되겠지만 가장 중요한건 네트워크의 확장에 의한 VSS의 상승이었다.

물론 연구력이 뒷받침되었기에 VSS의 상승은 더욱 견고해진 건 사실이다.

NTU의 상승에서 우리는 네트워크에 의한 VSS 상승의 좋은 예를 발견한다.

NTU(Nanyang Tech)의 놀라운 랭킹 상승은 네트워크의 중요성을 보여 준다.

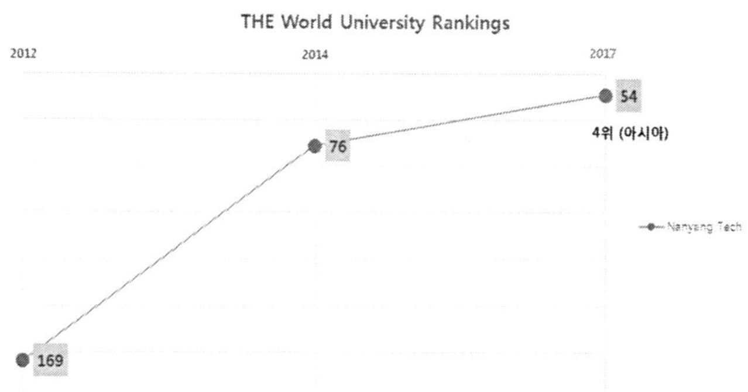

특성화 과기대의 대 혼전

특성화 과기대 선두그룹인 포스텍, 카이스트를 제외한 3개의 대학(디지스트(DGIST), 지스트(GIST), 유니스트(UNIST))은 어떤 VSS를 가질 것인가 하는 것이 대학들의 비상한 관심이 되고 있다.

현재 국내 10위 이내 대학들은 이러한 대학들의 등장으로 잘못하면 10위권 밖으로 밀려날 수 있기 때문이다.

현재 학원가의 배치표에서 보여주는 배치상황은 지스트와 유니스트가 2번째 그룹 중간 정도에 배치되어 해당 대학들이 목표로 하는 VSS에 미치지 못하고 있다.

이는 막대한 투자와 우수교수의 유치와 VSS는 별도로 움직일 수 있다는 증거를 보여주고 있다.

디지스트는 아직 첫 학부 졸업생을 배출하지 않아서 아직 배치표에 나타나지 않는다. 과연 디지스트가 국내외 평가나 랭킹에서 어느 정도 선전할 수 있을지?

그리고 그것이 어떤 VSS로 연결될지는 디지스트의 노력여하에 달려 있을 것이다.

현재 5개 과기대는 2강 2중 1미지수의 양상으로 혼전을 보여주고 있다.

향후 각 과기대가 어떻게 자리 잡을 수 있을까 하는 것은 아마도 최근 대 약진을 보여 주고 있는 NTU(싱가포르 난양공대)가 벤치마킹의 대상이 될 수 있을 것이다.

최근 학원가에서 떠도는 배치표에는 지스트와 유니스트가 목표로 하는 VSS에 미치지 못하고 있다.

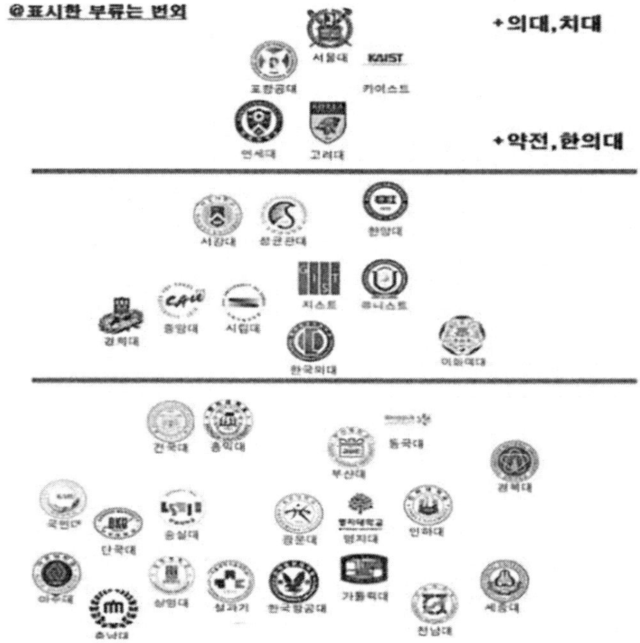

03

CHAPTER

어떤 대학이 좋은 대학인가?

03 어떤 대학이 좋은 대학인가?

대학 선택의 딜레마

최근 중국대학가에서 흥미로운 일이 일어났다.

중국 양대 명문대로 꼽히는 베이징대와 칭화대가 각 지역별 1등 고교 졸업생을 두고 치열한 쟁탈전을 벌이면서 일어난 불상사가 화제가 되고 있다.

베이징대가 충칭시 문과 장원을 모셔가기 위해 전용차를 파견했고, 허난성 이과 장원이 새벽 4시에 칭화대 직원과 함께 베이징으로 끌려갔다는 등의 소식이 보도됐다. 심지어 한 학생을 눈앞에 두고 베이징대와 칭화대 입학처 직원이 서로 데려가겠다고 실랑이를 벌이는 등의 낯뜨거운 장면도 연출된 것으로 전해졌다.

또한 각 대학 입학처가 인터넷에 신입생 유치를 둘러싸고 볼썽사

나운 설전을 벌였고, 상대 대학이 부정한 방식으로 신입생을 유치하고 있다는 등 노골적인 비방을 인터넷에 올리면서 결국 교육부가 중재에 나서기 까지 했다는 소식이다.

이러한 현상은 물론 대학간의 치열한 우수 입학생 쟁탈전 경쟁에 기인하지만 수험생의 대학선택의 독특한 양상과 관계가 있다.

대학의 사명은 "좋은 학생을 선발하여 잘 교육시켜 우수한 졸업생을 배출하여 사회에 공헌"하는 것이라 말할 수 있다. 그런데 우수한 졸업생을 배출하기 위하여 좋은 학생을 선발해야 하는 것이 절대적인 과제이다.

좀더 시스템적 용어로 본다면 "아웃풋(Output)은 전적으로 인풋(Input)에 달려 있다"는 것으로 좋은 졸업생 배출을 위해 좋은 입학생을 받아야 한다는 절대적인 명제를 대학은 안고 있다고 봐야 한다. 이러한 점에서 이번 중국 대학사태도 이해할 수 있다. 사실 '중국판대학수학능력시험'이라 불리는 가오카오(高考)성적표에 의해 각 대학의 소위 커트라인이 정해지는 상황에서 각 지역별 1등을 모셔가기 위한 명문대학 간의 치열한 쟁탈전은 불가피한 상황이다.

우리의 실정도 이에 못지않은 것이 사실이다. 우수 학생을 유치하기 위해 고교생들에 대한 여러 가지 유인프로그램이라든가, 여러 대학 동시 합격생에 대한 다양한 서비스 등이 각 대학의 연구과제이다.

수험생들의 대학 선택의 딜레마는 여기에 있다. 대학의 서열은 변할 수 있고, 또 전공별로 서열이 다르다. 우수한 교수님들도 여러 대학에 산재하여 있다. 특성화된 대학은 특성화된 프로그램을 제공한다.

그러나 수험생들의 대학선택에 있어서 소위 '신분동질화'(Status

Synchronization)의 유혹에서 벗어나기는 쉽지 않다.

신분동질화란 자기 자신을 그 집단의 신분과 동질화 시키려는 욕망으로 우리 주변에서 흔히 볼 수 있는 현상이다.

대학선택의 중요한 동기 중의 하나가 신분동질화에 있다는 것을 부정할 수가 없다.

일류대학 또는 브랜드대학에 들어가 그 대학의 집단과 자기 자신을 동질화 시키려는 욕망이다.

그래서 설사 연구력을 향상시켜 노벨상을 많이 배출한다 해도 기존의 명성을 뒤집기는 쉽지 않다는 것이 일본의 경우에서 증명된 바 있다.

어쨌든 각 대학은 우수한 고교생의 선택을 받기 위해 뛰고 있다.

대학의 기본 인프라를 올리기 위한 노력과 연구, 교육력을 높이기 위한 노력을 끊임없이 경주하고 있다.

그러한 대학들의 노력은 대학선택에 반영될 수 있어야 하는 것이 이상적인 현상이다. 그래야만 대학간의 자유경쟁과 대학의 발전이 더욱 가속화 될 수 있다. 자유경쟁의 원리가 대학에서 적용될 수 있어야 한다.

이미 지적한대로 수험생 입장에서 신분동질화에 의한 대학선택과 실제로 나타난 대학간의 우열에 기초한 대학선택은 그 결정이 쉽지 않다.

대학선택의 딜레마이다.

그러나 우리는 최적의 해법을 찾아야 한다. 여기엔 사회적인 인식의 변화도 필요할 것으로 보인다.

질문하나, 우리는 왜 일류대학을 가려고 하는가? 대학의 선택에는 여러 요소가 있다.

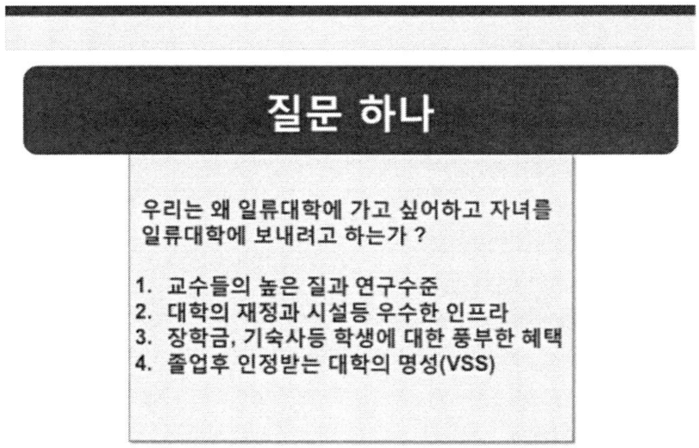

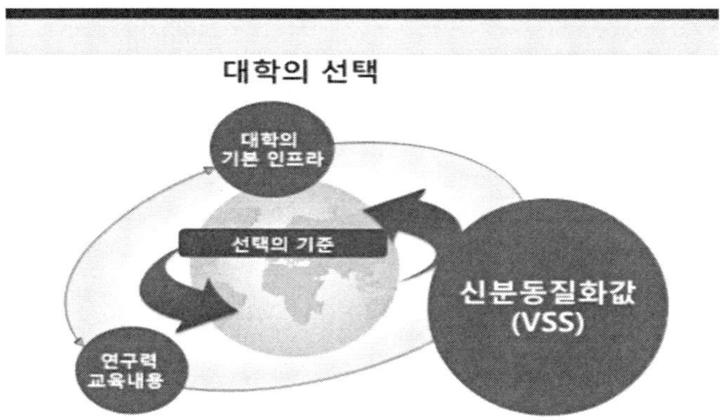

우리는 왜 일류대학에 가려고 하는가?

우리는 왜 일류대학에 가고 싶어 하고 자녀를 일류대학에 보내려고 하는가? 교수들이 우수하기 때문에? 대학이 재정과 실험시설, 건물 등 시설이 좋아서? 장학금등 혜택이 많아서?

질문 둘, 그러면 VSS를 높이는 방법은 무엇인가?

질문 둘

VSS를 높이는 방법은 ?

1. 교수들의 높은 연구 업적
2. 대학의 재정과 시설등 우수한 인프라
3. 우수한 교육수준 (flipped learning등)
4. VSS factors

답은 졸업 후 인정받는 대학의 명성(VSS)이라고 하는데, 그럼 그러한 VSS를 높이는 길은 무엇일까?

다시 반복되는 질문은 교수들의 높은 연구업적 또는 대학 재정과 시설 아니 그러면 우수한 교육방법 등이 VSS를 높이는 것일까?

실제로 학생들이나 학부모들은 그러한 이유가 VSS를 높힌다고 생각할까?

대학의 기본적인 인프라나 연구력은 모두 실제로 학생들이나 학부모들은 그러한 이유가 VSS를 높힌다고 생각할까?

실제로 대학은 기본인프라 향상과 연구력의 증진이 반드시 VSS 향상에 영향을 주어야 하며, 이를 위한 전략이 구사되지 않는 한 기본인프라 향상과 연구력 증진만으로는 VSS 향상이 쉽게 되지 않는다.

기본 인프라와 연구력의 증진은 반드시 VSS향상에 기여할 전략이 동반되어야 한다.

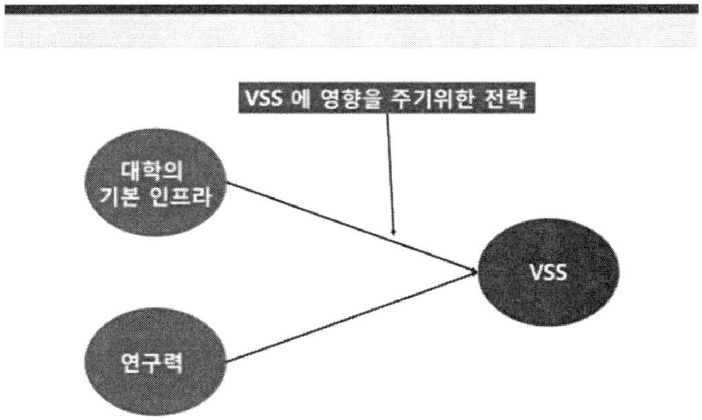

결국 VSS를 높이는 직접적인 방법은 크게 5가지로 나누어진다.

1. 전통적인 명성: 기존의 가지고 있는 전통적인 명성이다. 미국의 하버드, 영국의 옥스퍼드 등은 VSS의 다른 요소에 의해 흔들리지 않는 전통적인 명성을 가지고 있다.
2. 깜짝성 이벤트는 몇 년 전 카이스트의 TV 드라마라든가 총장회의, 디지스트의 조정팀 창단 및 우승, 울산대의 아시아 총장회의, 한국외대의 전공별 회의 등 1회성이나 또는 연속성 이벤트를 통해 대학의 이름이 입에 오르내리는 것을 포함한다.
   이름을 바꾼 카이스트, 포스텍, 한양대 에리카 캠퍼스, 한국외대의 허프스, 영산대의 와이즈유, 서울산업대가 서울과기대로, 우송대가 경영대만 솔브리지 대학으로 이름을 바꾸어 나름 성공한 케이스이다.

깜짝성 이벤트 및 이름 바꾸기

깜짝성 이벤트

- KAIST TV Drama
- KAIST 총장 회의
- DGIST 조정팀 장단 우승
- 울산대 THE 아시아 총장 회의
- 한국외대 QS 전공별 국제회의

이름 바꾸기

- KAIST,
- POSTECH
- 한양대 ERICA
- 한국외대 HUFS
- 영산대 Y'SU (Wise U)
- 서울과기대
- 우송대 SolBridge

3. 입소문이나 배치표이다. 삼성이 성균관대를 돕는다든가 두산이 중앙대를 돕는다는 것들은 실제 사실이라고 하여도 입소문으로 퍼져 인식이 공유될 때 그 위력을 발휘한다. 학원가 배치표는 대단한 위력을 가지고 있다. 배치표는 결국 VSS를 나타낸다. "이공계의 별"이라는 회원 6만명의 유명한 카페가 있다. 이 카페가 가지고 있는 이공계대학에 대한 VSS의 위력은 무시할 수 없을 정도이다.

입소문과 배치표

입소문

SKKU - 삼성
CAU - 두산

학원가 배치표

Website

"이공계의 별 "
http://cafe.naver.com/kongdae

4. 입시 커트라인이다. 수시모집이 없던 시절엔 커트라인이 VSS에 절대적인 영향력을 가지고 있었다. 이 부분은 별도로 다루기로 한다.
5. 또 하나 중요한 것이 대학랭킹이다. 대학랭킹은 4장에서 별도로 집중 다루고자 한다.

VSS 구성요소에는 5가지가 있다. 각각이 중요하다.

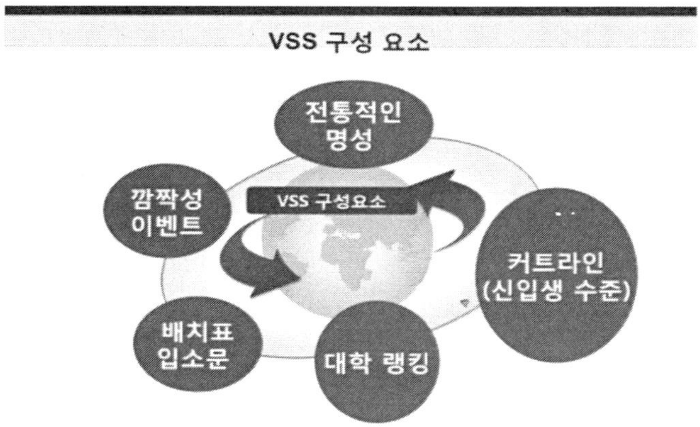

입시 커트라인의 위력

강연을 다니다 보면, 포스텍은 어떻게 짧은 기간 일류대가 되었는가? 묻는 분들이 많다.

아마도 그분들의 머릿속에는 86년 개교당시의 대학시설, 포스코의 지원, 교수들의 경력 등등이 요인이라고 생각하는 사람들이 많을 것이다.

실제로 대학 홍보는 그렇게 진행되었다.

그러나 포스텍이 일류라고 브랜딩 된 것은 '280'이란 숫자였다.

초대 총장 김호길 총장(당시엔 학장이라고 불리었지만)은 "280점 이하는 선발하지 않겠다"고 버텼다. 당시 포스코 관계자들은 너무 커트라인이 높다. 학생들이 안 오면 어떡하냐? 반문한 것으로 알려져 있으며 김 총장은 박태준 포스코 회장에게 "한 명도 안 오면 교수들과 연구만 하면서 1년을 기다리겠다"고 버틴 것으로 알려져 있다.

포스텍이 일류대 반열에 들게 된 진짜 이유

운 좋게도 당시 커트라인을 먼저 정할 수 있는 상황이 허락되던 때였다(지금은 이런 커트라인 선언이 허락 안 될 것이다).

원서접수가 시작되고 이틀간 원서접수가 아주 부진했다고 한다. 그러나 원서 접수 마지막 날 당시 대학 학력고사 여자 차석 학생인 L양이 지원하였는데 그 학생의 지원이 큰 기폭제가 되어 280점 이상의 지원이 쇄도 하였고 결국 합격자 평균 점수 300점대의 성공적인 모집을 할 수 있었다고 한다.

연구중심대학: 창의력은 과연 만들어 지는 것인가?

요즘 어디를 가나 창조라는 단어가 화제다. 특히 전 정부가 '창조경제'를 강조하고 있어서 심지어 미용원 이름도 '창조미용원'이 생겨났다는 농담처럼 창조가 화두가 되고 있다.

창조경제의 근간은 창의력이다. 창의력을 가진 인재를 판별하고 길러내는 것이 아주 시급한 문제이다.

수시모집을 마감한 대학들의 면접전쟁이 시작되었다. 전쟁이란 표현을 쓰는 건 그만큼 면접경쟁이 치열하기 때문이다.

면접에서 가장 중요한 건 역시 '창의력'이 있는 학생인가를 판별해내는 것이다.

어떤 학부모 모임에서 "창의력은 타고나는 건가요? 길러지는 건가요?"라는 질문을 받은 적이 있다.

대답이 쉽지 않은 질문이다.

결론은 창의력은 타고난 재능과 교육의 융합체라고 할 수 있다. 타고난 재능만 가지고 기본적인 지식이 없다면 창의가 발휘될 수 없고, 타고난 재능이 없다면 지식만 가지고도 창의력은 발휘되기 쉽지 않다.

비행기를 발명한 미국의 라이트 형제를 생각해 보자.

라이트 형제는 타고난 호기심과 창의력을 가지고 있었다. 그러나 "유체의 속도가 빨라지면 기압이 낮아지고 물체는 기압이 낮은 쪽으로 움직인다"는 베르누이 정리에 의한 유선형의 원리를 교육받지 못했다면 비행기를 만들어 낼 수 없었을 것이다. 라이트 형제의 업적은 그러한 원리 위에 디자인과 속도를 낼 수 있는 설계에서 창의력을 발휘하였다.

때론 창의력과 융합하는 기본지식은 공동작업으로 얻어지기도 한다. 대표적인 사례가 애플사의 스티브 잡스의 예에서 볼 수 있다. 창의적인 사고로 사업적인 수완과 마케팅 감각이 뛰어났던 스티브 잡스는 천부적인 전자공학 지식을 가진 엔지니어였던 워즈니악의 도움과 융합이 되면서 그의 창의적 사고가 빛을 발할 수 있었고 그의 아이디어가 실현 가능했고 각각의 장점을 합쳐 두 사람은 애플의 성공 신화를 이끌어 내었다.

'창의력은 지능과 비례하는가'하는 것도 재미있는 질문이다.

지적능력의 지표인 IQ는 일정 이상만 넘으면 창의력과 관계가 없어 보인다. 오히려 너무 높은 IQ는 암기력이나 이해도가 빨라 오히려 창의력에 방해가 된다는 이론도 있다.

따라서 한국적 교육환경에서의 수석합격, 수석졸업생들은 오히려 덜 창의적이라고 할 수 있고, 어느 정도 공부는 잘하지만 호기심이 많고 돌연변이적 사고를 하는 학생들이 오히려 더 큰 창의적인 일을 해낼 수 있다고 보는 것이다.

돌이켜 보면 미국 명문대에서 교수를 하고 있는 친구들의 공통점은 엉뚱한 성격의 친구였다. 적당히 공부는 잘했지만 수석을 한 것은 아니고 항상 호기심이 많았고 이상한 질문을 많이 했고 유머러스한 이야기를 많이 했던 기억이 있다.

빼놓을 수 없는 것은 그들은 한 곳에 열중하고 미치는 성격을 가지고 있었다.

즐기는 사람을 못 당한다는 말이 있는데 한 곳에 열중하고 미친다는 것은 그것을 즐기고 있다는 이야기가 된다.

기초지식을 위해 공부를 얼마나 시켜야 창의력 배양과 균형을 이룰까 하는 문제도 큰 이슈이다.

보통 미국에 유학을 보내면 중고등학교 시절 너무 공부를 안시킨다고 걱정하는 한국의 학부모들이 많다. 그런데 그런 미국은 어떻게 300여 개의 노벨상을 배출해 내었을까?

사실 미국의 중고교생들은 보통 3~4시에 집에 돌아와서 논다. 논다는 의미는 다양한데 운동도 하고 책도 읽고 친구들과 떠들기도 하고 음악도 듣고 생각에 잠기기도 한다. 그러한 시간을 한국의 학부모들은 논다고 생각하여 밤늦게까지 공부시키는 한국의 중고교 교육을 오히려 그리워하기도 한다.

사실상 수학·과학 경시대회 같은 곳에서 한국이나 아시아국가들이 두각을 나타내는 건 그런 과도한 학습 덕분일 것이다. 그러나 대학, 대학원을 가서는 중고등학교 때 '놀던'학생들이 두각을 나타내고 창의력을 발휘하는 것은 어쩐 일일까?

결국 창의력은 재능을 가진 사람에게 기본적인 원리를 가르쳐주고 충분히 사고하도록 내버려 두는 것이 핵심적인 요소라고 생각할 수 있다. 창의력은 결국 교육적인 환경에 의해서 만들어 질 수 있는 것이라고 결론지을 수 있다.

VSS와 Ranking Impact(랭킹의 영향력)

랭킹은 VSS에 영향을 주는 5개의 요소 중 하나이다.

그런데 랭킹은 과연 VSS에 얼마나 영향을 줄 수 있을까? 랭킹의 영향력은 VSS가 강한 대학일수록 그 효력이 떨어진다.

VSS가 일정한 값을 넘어서면, 랭킹의 영향력은 급격히 떨어진다.

랭킹 영향력과 VSS

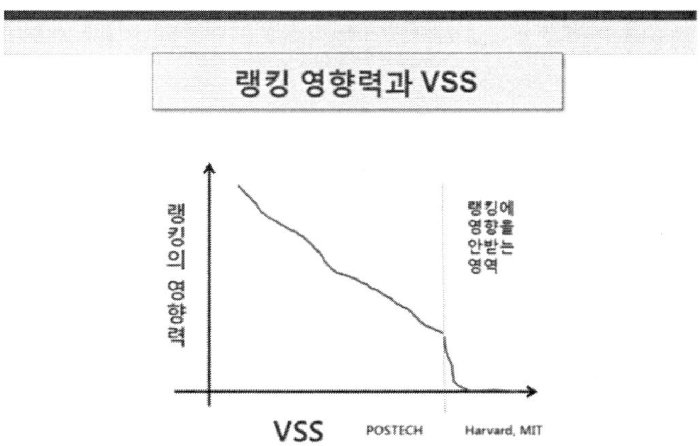

이 영역을 랭킹에 영향을 안받는 영역이라고 본다면 하버드나 MIT는 그 영역에 있다고 본다. 저자의 포스텍은 아직 그 영역에 있지 않기에 랭킹에 영향을 받는다.

흥미로운 사실들

흥미로운 사실은 대학의 인프라와 연구력으로 VSS를 올리는 건 쉽지 않지만 VSS가 높으면 대학의 인프라와 연구력이 좋아질 수 있다는 것이다.

상당히 상식적 사고와 다른 이야기이다. 이것은 "연구만 잘하면 대학을 알아준다"는 통념을 뒤집는 것이다.

1987년과 30년 후의 포스텍과 서울공대 관계를 보면 확연히 알 수 있다. 87년 포스텍 설립 후 94년 중앙일보에서 첫 대학랭킹을 발표할 때, 포스텍의 교수 1인당 연구력은 서울공대를 단연 앞서고 있었다. 교수 1인당 논문 수나 논문인용 수 등에서 단연 앞서고 있었다.

그러나 VSS가 높은 서울공대는 30년 후 연구력에서 포스텍을 거의 따라붙었고 일부전공은 앞서고 있다.

1987년과 2017년 포스텍과 서울공대

또 하나 흥미로운 건 대학원의 수준은 해당대학의 수준보다 높을 수 없다는 사실이다. 국내학생의 경우에 그렇다.

대학원의 상향 지원

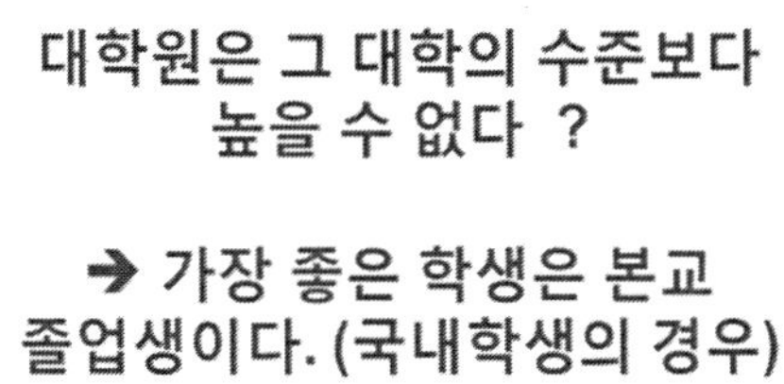

VSS를 높이기 위해 상향지원하기 때문에 자대 학생보다 더 높은 수준의 학생을 선발하는 건 거의 불가능하다(해외대학 출신으로 돌파구를 찾을 수는 있다).

결국 결론적으로 우린 다음과 같이 이야기 할 수 있다.

연구력은 중요합니다.

그러나 VSS가 낮으면
우수교수, 우수학생이 오지 않습니다.
그러면 연구력은 떨어집니다.

VSS 가 높아야 합니다.

연구력은 반드시 VSS와 연결되어야 하며
VSS를 올리려는 노력은 병행하여 부단히
계속되어야 합니다.

04

CHAPTER

대학 서열(랭킹)의 허와 실

04 대학 서열(랭킹)의 허와 실

신분동질화 값(VSS)과 명성(Reputation)

명성이라는 단어는 참 여러 가지 의미로 쓰인다. 대학의 명성은 두 가지 측면이 있다.

이미 앞에서 언급한 학생들이 대학/대학원을 졸업함으로서 확보되는 신분동질화의 값을 우리는 “신분동질화 값(VSS)”라고 부른다. 이는 대학/대학원 지원의 절대적인 기준이 되고 있다.

명성은 대학랭킹의 3대요소로서 대학의 기본인프라, 연구력, 그리고 명성의 하나이다. 이때 말하는 명성은 종종 대학교수나 학자들의 동료 평가에 의해 결정된다.

따라서 우리가 보통 말하는 명성이란 엄격히 말하면 “신분동질화 값”을 말한다.

신분동질화(VSS)와 명성(Reputation)은 차이가 있다.

VSS (신분동질화 값) 과 Reputation (명성)

- VSS: Value of Status Synchronization
- 학생들이 대학/대학원 을 졸업함으로서 확보되는 신분동질화의 값. (대학/대학원 지원의 절대적인 기준이 됨
- Reputation: Ranking의 3대 요소 (대학의 기본 인프라, 연구력, 명성)에서 말하는 명성. 동료평가 (AR)에 의하여 종종 결정된다.

모두 싫어하지만 들여다보는 랭킹

랭킹이란 무엇인가?

모든 상품에는 랭킹이 있다. 국가에도 랭킹이 있고, 올림픽 메달수도 랭킹으로 나타난다. 그렇기에 랭킹은 무엇인가?

랭킹을 한마디로 표현한 말이 있다. “아무도 좋아하지는 않지만, 모든 사람이 들여다본다”는 말이 있다.

대학에도 랭킹이 있다.

외국대학과 MOU(Memorandum Of Understanding: 교환교수, 교환학생 등 대학들이 협약을 맺는 것)를 교환하려고 제안을 하면 우선 기다리라고 말하는게 일방적이다. 대학당사자가 돌아간 후 뒤져 보는 것이 대학랭킹이다.

랭킹이란 무엇인가? 아무도 좋아하지는 않지만 모든 사람이 들여다보는(check) 것이 랭킹이다.

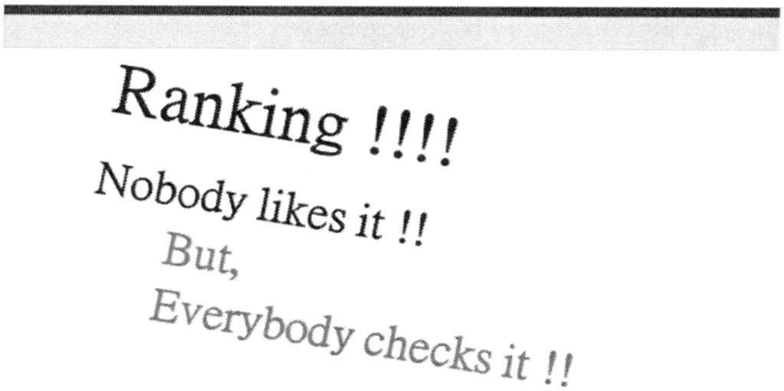

그건 우리대학들도 마찬가지이다. 외국대학에서 MOU 제안을 해오면 그 대학의 랭킹을 들여다본다. 그건 그 대학을 판단할 숫자적인 기준이기 때문이다.

대학 랭킹은 어디에 쓰이는가?

높은 대학랭킹은 왜 필요할까?

1. VSS의 5개의 구성요소 중의 하나로 VSS값을 올려주고 우수 교수 ,우수학생 모집에 절대적인 영향을 준다.
2. 구성원(교수, 학생, 직원, 졸업생, 학부형)들에게 프라이드를 갖게 해준다. 로젠탈 효과는 칭찬을 받으면 생산성이 올라간다는 효과를 말한다.

왜 대학 랭킹인가?

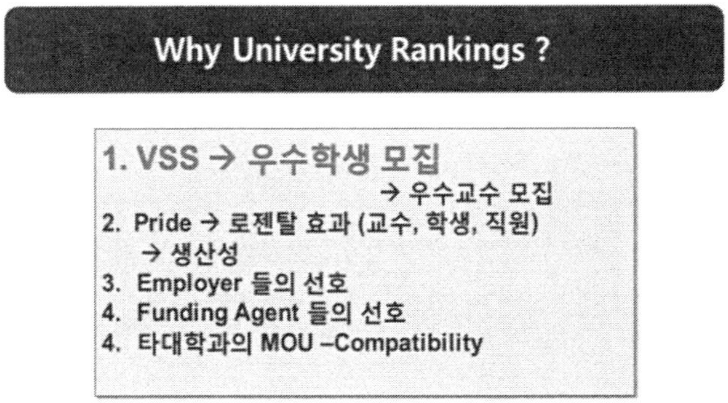

3. 고용주들이 선호한다.
4. 연구비를 주는 기업이나 국가재단 또는 개인의 재단에서 선호한다.
5. 타대학, 특히 해외 대학과의 MOU를 교환할 때 절대 중요하다.

28위의 효과

2010년 9월 THE가 QS와 별도의 랭킹을 발표한 첫해 포스텍은 세계 28위로 발표 되었다.

그날 프랑스 낭트의 EAIE 회의 참가중 이 소식을 들었던 저자는 한국이 한 밤중 이었지만 총장께 전화로 이소식을 알려주었다.

28위는 현재 까지 한국대학이 이룬 가장 높은 대학인데, 포스텍의 큰 홍보자원 중의 하나이다.

28위 달성 후 열린 2011년 Vancouver NAFSA

NAFSA, Vancouver, May 30-June 3, 2011

UEMC POSTECH

POSTECH

28위의 의미있는 효과

What "28" achieved

1. 동경대, 싱가포르 국립대 오래 끌어오던 MOU 에 서명
2. 교수 프라이드 상승 . 30 통의 이멜/전화 로 세계 각지에서 프라이드 알림 (파리, LA 등)
3. 해외 발표시 28 을 먼저소개 후 발표
4. 국제무대에서 포스텍 위상과 프라이드 상승
5. 학생들 사기 증진 K대학 대항전 3연승으로 우승기 영구보전

6. 경쟁대학들과 호각지세 유지 에 도움이 됨

국내외 주요 대학 랭킹

2003년 이후 현재까지 대학 랭킹을 만드는 기관은 50여 곳이 넘는다. 이러한 기관들이 모이는 IREG(International Ranking Expert Group)이라는 모임까지 생겨날 정도이다.

이러한 랭킹 중 국제적으로 가장 인정받는 랭킹은 THE 이며 이는 미국 유럽 등 서구권에서 자주 인용된다. 최근 한국의 주요 신문사와의 연결로 영향력이 한국에서도 크게 증대되고 있다. 특히 끊임없이 공평한 랭킹기준을 마련하기 위한 연구를 많이 하기로 유명하고 전 세계 총장들이 모이는 서밋(Summit)이란 회의를 자주 개최하고 있다.

반면 QS 랭킹은 한국의 주요 신문사와의 연결 관계로 한국과 아시아에서 영향력을 가지고 있다. 대학 마케팅 및 프로모션 회사로 2004년 THE와 랭킹을 함께 발표하다가 2010년 이후 독자적으로 랭킹을 발표하고 있다.

한국에는 1994년부터 독자적으로 국내랭킹만 발표하는 중앙일보의 랭킹이 이 분야에서 독자적인 길을 걸어왔다. 스스로 연구한 랭킹 방법을 끊임없이 개선하면서 공정한 랭킹발표에 힘을 쓰고 있다.

영향력 있는 각종 랭킹 **국내외 주요 대학랭킹 역사**

Times Higher Education World University Rankings

■ 평가 개요

구분	THE World University Rankings (THE WUR)	THE Asia University Rankings (THE AUR)
시작	2010	2013
목적	합리적이고 객관적인 대학평가를 통해 세계 유수한 인재들의 진학과 연구에 도움이 되고자 함	아시아 Top 100개 대학에 관한 정보를 제공하여 아시아권 대학의 발전에 도움이 되고자 함
평가기준	Teaching, research, knowledge transfer and international outlook (THE WUR 및 THE AUR의 평가지표 및 방법론은 동일)	

■ 평가지표: 5개 카테고리, 13개 지표

Criteria	Indicators	Weight (%)	
		World	Asia
Teaching – the learning environment	Academic staff / total students	4.50	4.50
	Doctorates awarded / undergraduate degrees awarded	2.25	2.25
	Doctorates awarded / academic staff	6.00	6.00
	Academic reputation survey – Teaching	15.00	10.00
	Institutional income / academic staff	2.25	2.25
Research – volume, income and reputation	Academic papers / academic & research staff	6.00	7.50
	Research income / academic staff	6.00	7.50
	Academic reputation survey – Research	18.00	15.00
Citations – research influence	Normalized citation impact	30.00	30.00
Industry income – innovation	Research income from industry / academic staff	2.50	7.50
International outlook – staff, students and research	Ratio of international staff	2.50	2.50
	Ratio of international students	2.50	2.50
	International co-authorships	2.50	2.50

QS World University Rankings

■ 평가 개요

- 평가 기관: 세계적인 학술 및 직업 컨설팅기관인 영국의 QS (Quacquarelli Symonds Limited)

구분	QS World University Rankings	조선일보-QS Asian University Rankings
시작	2010 (2004 with THE)	2009
목적	나라별 세계 수준의 대학들에 대한 정보를 제공하고, 세계화 측면에서 각 대학들의 현 위치를 파악	아시아권 대학의 국제경쟁력과 수준을 한 단계 향상시키기 위함
평가기준	연구의 질, 교육의 질, 국제화, 졸업인력들의 고용매력도	World Rankings와 유사하나, 비영어권 국가가 대부분인 아시아권 대학의 특성을 반영하기 위해 국제화 평가영역에 '교환학생 비율' 평가지표를 추가

■ QS World 평가지표

Criteria	Indicators	Weight (%)
Research Quality	Academic Reputation	40.0
	Citations per Faculty	20.0
Teaching Quality	Student Faculty Ratio	20.0
Graduate Employability	Employer Reputation	10.0
Internationalization	International Faculty Ratio	5.0
	International Students Ratio	5.0

■ 조선일보-QS Asia 평가지표

Criteria	Indicators	Weight (%)
Research Quality	Academic Reputation	30.0
	Papers per Faculty	10.0
	Citations per Paper	10.0
Teaching Quality	Student Faculty Ratio	15.0
	Staff with a PhD	5.0
Graduate Employability	Asian Employer Reputation	20.0
Internationalization	International Faculty	2.5
	International Students	2.5
	Inbound Exchange Student	2.5
	Outbound Exchange Student	2.5

중앙일보 대학평가

■ 평가 개요

- 평가명: 중앙일보 대학종합평가
- 평가 기관: 중앙일보 대학평가팀
- 시작: 1994년
- 평가대상: 전국 4년제 대학 중 참여 희망 대학
  - 2015년부터는 인문·사회·공학·자연·의학·예체능 중 4개 계열 이상을 갖춘 4년제 대학을 대상으로 함
- 평가지표수: 33개 지표

■ 평가 지표 및 배점

평가 부문	평가 지표	배점
교육여건	교수 확보율	15
	등록금 대비 장학금 지급률	15
	강좌 규모	5
	전임교원 강의담당 비율	5
	등록금 대비 교육비 지급률	10
	세입 대비 기부금	5
	기숙사 수용률	5
	학생당 도서자료 구입비	5
	외부 경력 교원 비율	5
	외국인 교수 비율	5
	학위 과정 등록 외국인 학생 비율	8
	외국인 학생의 다양성	7
	교환 학생 비율	10
	Total	90
평판 및 사회진출도	신입사원으로 뽑고 싶은 대학	10
	입학 추천하고 싶은 대학	10
	향후 발전가능성이 있다고 판단되는 대학	5
	국가, 지역 사회에 기여가 큰 대학	5
	Total	50

평가 부문	평가 지표	배점
교수연구	계열 평균 교수당 교외 연구비	15
	계열 평균 교수당 자체 연구비	10
	국제학술지 논문 당 피인용	30
	계열 평균 국제학술지 논문	5
	인문사회 국내논문 게재	5
	인문사회 국내논문 피인용	5
	인문사회 저역서 발간	5
	인문사회 저역서 피인용	5
	과학기술교수 당 기술이전수입액	10
	과학기술교수 당 산학협력 수익	10
	Total	100
학생교육 노력 및 성과	순수취업률	15
	유지취업률	15
	중도포기율	10
	졸업생 창업 활동	10
	창업교육 비율	10
	현장실습 참여학생 비율	10
	Total	60

대학 랭킹 믿을 만한가?

졸업시즌과 입학시즌으로 바쁜 계절이다. 특히 대학 입학과 졸업은 우리에게 아주 중요한 이벤트다. 어떤 대학을 입학하고 졸업할 것인가. 참으로 중요한 문제로 여겨진다. 그래서 학생이나 학부모, 그리고 대학은 '대학 랭킹'에 신경을 쓰고 있다. 본인의 자부심이나 졸업 후 취업에 영향을 줄 수 있다는 이유로 대학랭킹은 중요한 이슈가 되고 있다.

최근 한 언론이 "서울대 1위 공식 깨졌다"라는 기사를 연재해 화제를 불러일으켰다. 서울대가 각종 국제랭킹에서 더 이상 '한국 1위'가 아니며, 기존에 알고 있는 대학 랭킹이 국내언론 조사에서도 많이 달라졌다는 충격적인 내용이었다. 그러나 이런 사실은 전문가들 사이에선 새로운 이야기가 아니다. 국내 언론사가 대학 랭킹을 발표한 20년전, 그리고 영국 타임즈 등이 세계랭킹을 발표하기 시작한 10년 전부터 대학평가 전문가들에게는 널리 알려진 사실이다. 그 한 예로, 포스텍의 경우 지난 2010년 영국 타임즈가 세계 28위(국내 1위)로 발표했고, 작년 50년 이하 대학에서 세계 1위로 발표됐다. 이미 국내의 대학 랭킹과 상관없이 국제기준은 다르다는 증거이다.

대학 랭킹은 조사기관마다 다르다. 그래서 대학들이 마음 상해 조사기관들과 다투기도 한다. 과도한 욕심으로 허위 데이터를 내는 경우도 있다. 미국의 한 유명대학은 랭킹을 올리려고 10여 년간 입학생의 성적을 속여서 발표해 총장이 사과하고 관계자가 해임되기도 했고, 국내 유수대학도 잘못된 데이터를 제출해 랭킹에서 불이익을 받기도 했다.

국내에도 대학랭킹을 오랫동안 매겨온 언론기관도 있지만, 해외에는 약 20여 개의 기관이 있다. 비교적 신뢰하는 것은 3~4개 기관이다. 그러나 이 기관들도 한국대학 랭킹이 서로 다른 게 사실이고, 대학은 자신에게 유리한 랭킹만을 인용하려고 한다. 과연 랭킹은 얼마나 믿을만한가? 저자는 오래전부터 대학평가에 관여하고, 국제평가기관의 자문위원으로 있으면서 '랭킹의 신뢰도'를 면밀히 관찰해 왔다. 결론은 신뢰도가 높은 랭킹이 있고, 그렇지 않은 랭킹이 있다는 사실이다. 교육의 수요자인 학생과 학부모, 그리고 졸업생을 고용하는 고용주들은 이러한 랭킹을 잘 구분할 필요가 있다.

랭킹에는 크게 '명성적 요소'와 '객관적 요소'가 있다. 전자는 이미 이뤄진 명성에 의지하는 계수이고, 후자는 객관적인 데이터에 결정되는 계수이다. 두 계수의 비중에 의해 랭킹은 크게 달라질 수 있다. 또 두 계수의 하부구조를 형성하는 제2차 계수의 비중에도 크게 좌우된다. 랭킹기관들은 상업적인 목적으로, 때론 의도적으로 이러한 비중을 조정하기도 한다. 따라서 객관적이고 신뢰할만한 랭킹을 찾는 것이 중요하다.

또 대학의 랭킹에 너무 의존해서도 안된다. 대학의 랭킹은 변할 수 있고 전공마다 다른 것이 정상이기 때문이다. 저자가 미국 오클라호마 주립대 교수로 있던 시절에 대학지원과 관련해 두 가지 현상을 느끼고 "아! 이것이 미국의 힘이구나"라고 감탄한 적이 있다. 오클라호마는 남부의 비중이 작은 주이지만 그 주에서 고교의 최우수 졸업생이 하버드 같은 명문으로만 가는 것이 아니라 오클라호마 주립대로 진학하는 학생이 있고, 프라이드에 아무런 문제가 없는 분위기였다. 또한 내가 가르친 학생 중 최우수 학생이 아리조나대학 대학원으로 진학하는 것을 보았다. 그건 그곳에 그 분야 연구 분위기가 활발했기 때문이었다. 자기가 원하는 분야의 연구가 활발한 곳에서 공부하는 분위기가 허용이 되고, 사회나 고용주가 이를 인정하는 분위기가 미국의 다양성을 촉진하고 있다.

한국 대학의 랭킹도 이러한 관점에서 받아들여야 한다. 랭킹과 상관없이 자기가 원하는 분야가 활발한 대학에서 공부하고, 이를 받아들이는 사회적인 분위기가 조성돼야 한다. 3월이 오면 신학기가 시작되는데, 대학졸업생들은 대학원 진학에, 또한 고용주들은 졸업생을 받아들일 때, 고교생들은 대학선택에 있어서 대학랭킹의 진정한 의미를 이해해 줬으면 하는 바람이다

랭킹 믿을 만한가?

매년 수십 만명의 고교 수험생들이 수능시험 과정을 거치고 매년 예외 없이 수험생들은 힘든 과정을 치루고 있다.

수능시험의 종료는 고생의 끝이 아니다. 이제 대학을 선택해 지원해야 할 또 다른 험난한 과정이 남아 있다. 대학의 선택은 부모와 수험생들에게 또 다른 큰 고민이다.

어느 대학을 갈 것인가?

한국에서 대학은 다른 나라에 비해 수직 서열화 돼 있다. 전통적인 대학 서열은 아직도 선택의 폭을 좁히고 전공과 관계없는 선택을 하도록 한다.

따라서 수험생들은 적성과 상관없이 대학의 서열을 신경 쓰지 않을 수 없다.

얼마 전 중앙일보는 대학평가에서 기존의 관념을 뒤엎는 깜짝 놀랄 국내대학 랭킹을 발표했다. 포스텍, 카이스트가 1, 2위로 선정된 반면 성균관대 3위, 고려대 4위, 연세대·서울대 공동 5위라는 평가를 내놓았다.

그밖에 중위권대학들의 서열도 기존서열과 많이 다른 결과를 내놓았다.

아마 서울대 5위라는 평가는 한국대학평가에서 가장 충격적인 결과일 수도 있고 중앙일보 대학평가의 결과에 의구심을 가질 수도 있을 것이다.

서울대 진학 열풍의 폐해는 그동안 누누이 지적돼 왔다. 적성과 관계없는 진학, 부모나 진학교사의 강요 이러한 폐해로 인한 대학경쟁력의 저하도 지적돼 왔다.

사실상 중앙일보의 대학 평가는 오랫동안 대학평가를 연구해온 저자로서는 놀랄만한 결과는 아니다. 실제로 교수 1인당 논문이라든가 논문인용도, 대학의 교육환경 등을 고려하면 그렇게 평가될 수 있는 것이다. 그러나 이러한 사실은 이미 전문가들 사이에선 새로운 이야기가 아니다. 영국 타임즈 등이 세계랭킹을 발표하기 시작한 10여 년 전부터 대학평가 전문가들에게는 이러한 결과가 예측돼 왔다. 서울대는 이와 관련해 데이터를 제출하지 않았기 때문에 개의치 않겠다는 입장이다. 그러나 서울대가 각종 랭킹에서 상위권을 유지한 것은 사실상 전통적인 명성의 덕을 본 것도 사실이기에 이번의 결과가 놀랄만한 것은 아닐 수도 있다.

본인의 자부심이나 졸업 후 취업에 영향을 줄 수 있다는 이유로 대학랭킹과 아울러 대학의 명성은 중요한 이슈가 되고 있고 이건 우리나라뿐만 아니라 선진 외국도 정도의 차이는 있지만 마찬가지이다.

대학을 선택할 때는 이러한 두 가지를 모두 고려해야 할 것이다. 문제는 우선적인 순서의 문제이다. 자기가 하고 싶은 분야의 전공별 랭킹과 교육, 연구 환경을 고려하는 것이 우선돼야 한다. 그 후 명성을 고려해 볼 수 있을 것이다.

저자는 오래전부터 '랭킹의 신뢰도'를 면밀히 관찰해 왔다. 신뢰도가 높은 랭킹이 있고 그렇지 않은 랭킹이 있다. 대학이 어떻게 이것을 활용하든 교육의 수요자인 학생과 학부모 그리고 졸업생을 고용하는 고용주들은 이러한 랭킹을 잘 구분할 필요가 있다. 랭킹에는 크게 명성과 연구교육 데이터에 의해 결정된다. 전자는 이미 이뤄진 명성에 의지하는 계수이고 후자는 객관적인 데이터에 결정되는 계수다. 이 두 개 계수의 비중에 의해 랭킹은 크게 달라질 수 있다. 따라서 객관적이고 신뢰할만한 랭킹을 찾는 것이 중요하다.

대학 선택에 있어서 중요한 것은 본인 적성의 판단이다. 적성과 관련된 전공분야를 면밀히 살피고 대학을 선택하는 것이 중요하다. 그 전공을 잘 공부할 수 있는 대학을 결정하는데 대학의 전공별 랭킹이 활용 될 수 있다. 자기가 원하는 분야의 연구가 활발한 곳에서 공부하는 분위기가 허용이 되고 사회와 고용주가 이를 인정하는 분위기가 우리나라에서도 형성되고 있고 계속 발전할 것으로 기대한다.

대학 수능시험을 치른 수험생들과 학부모들은 정말 일생일대의 중요한 결정을 해야 하는 시기이다. 대학선택은 평생을 함께할 모교를 결정해야 한다는 점에서 중요하다.

글로벌 시대에 자기 적성에 맞는 학과를 결정하고 그 분야를 잘 공부하고 연구 환경이 잘 조성돼 있는 대학을 살펴보는 것이 중요하다. 그 후 대학 전체의 명성을 고려해 볼 수 있을 것이다.

대학선택에 있어서 학부모, 진학교사 그리고 수험생들에게 대학 랭킹의 진정한 의미를 잘 이해하고 자신의 미래를 결정할 최선의 선택을 할 것을 주문해 본다.

혼란스런 대학평가

언론사의 대학평가가 많이 보도된다. 영국의 더 타임스를 비롯한 국내외 언론기관과 민간기관이 대학의 세계 랭킹이나 국내 랭킹을 앞다퉈 발표한다.

대학평가는 대학이나 대학원을 선택하려는 고등학생이나 대학생, 졸업생을 채용하려는 기업이나 연구소에 여러 가지 다양한 정보를 제공한다는 점에서 긍정적인 측면이 있다. 대학교육의 최선봉인 미국도 여러 언론기관이 매년 전공 영역별로 순위를 발표하여 대학에 선의의 경쟁을 촉구하고 학생이나 기업에 필요한 정보를 제공한다. 평가 결과가 발표될 때마다 관련 대학이나 학생, 기업은 일희일비한다.

대학평가는 기준에 따라 순위가 달라지므로 때로는 혼란을 주기도 한다. 정량적인 측면과 정성적인 측면이 혼재된 대학평가는 쉬운 일이 아니다. 그래서 평가기관마다 랭킹이 상반되게 나와서 혼란을 준다. 대학평가가 꼭 필요한가라는 논란도 나온다.

평가는 비평가자에겐 항상 힘든 일이다. 평가를 받는 일은 때론 고통스럽고 힘들다. 평가 결과는 대학의 명성에 큰 도움을 주기도 하지만 때론 아픈 상처를 주기도 한다. 그러나 발전을 위해서는 평가를 긍정적으로 받아들이는 대학의 자세가 필요해 보인다. 대학이 갖는 몇 가지 명제, 즉 우수학생 유치, 양질의 교육 제공, 혁신적 연구역량, 우수한 연구논문 발표, 국제화를 통한 사회공헌 등의 과제는 끊임없는 평가 속에서 발전할 수 있다.

여기서 한 가지 중요한 사실은 대학을 평가하는 기관이나 언론 역시 평가기준에 대해 끊임없이 연구하고 개선해 나가야 한다는 점이다. 예를 들어 전체 논문 수를 세는 방식은 큰 대학에 유리하지만 교수 1인당 논문 수는 규모가 작은 대학에 유리한 면이 있다. 명성과 주변 평가 방식은 조사가 쉽기는 해도 역사가 오래된 대학에 유리한 면이 있다. 외국인 학생이나 교수가 많다고 해서 꼭 좋은 대학이냐 하는 점도 논란의 대상이다.

평가기관은 이런 문제점을 해결하기 위해 기준을 연구하고 강화하는 노력을 게을리 해서는 안 된다. 잘못된 기준은 잘못된 결과를 가져온다. 이는 대학이나 사회에 혼란을 일으킬 수 있다. 잘못된 대학평가가 가져오는 폐해를 줄이기 위해 평가기관이나 언론은 합리적인 기준 개발에 심혈을 기울여야 한다.

교수 동료평가(AR)의 허와 실

교수 동료 평가(Academic Peer Review)는 대학 랭킹 기관들이 단골로 사용하는 방법이다.

학자들이나 대학교수들에게 설문지를 이메일로 보내주고 "본인이 속한 전공분야에서 연구로 유명한 대학 15개를 써라" 이런 식이다.

지역별로 나누어 한국이나 아시아, 또는 세계에서 몇 개 써라 이런 식으로 나누기도 하는데 이런 조사에는 여러 가지 맹점이 있다.

이런 설문조사의 기본 가정은 응답하는 학자나 교수들의 정직성이다.

그러나, 이런 정직성을 강요하는 것은 교수들의 애교심을 뛰어넘는 강요가 된다는 것이 일반적 관점이다.

연구력이 비슷비슷하다면 당연히 자기 대학, 가족이나 지인의 대학에 한표를 던지게 될 것이다. 자기 대학에 투표하는 것은 아마도 연구력과도 상관이 없을지도 모른다.

평가기관들은 이런 문제를 피하기 위해 여러 가지 꾀를 썼다.

그 하나가 평가기관들이 엄격히 선정한 소위 연구를 잘하는 학자들에게만 설문지를 보내는 것이다.

또 하나의 방법은 설문에서 자기가 소속한 대학을 적지 못하도록 하기도 한다.

그러나 이런 여러 가지 꾀를 써도 근본적인 문제를 해결하지 못한다.

엄격히 선정된 교수나 학자들이라 해도 자기 대학, 가족이나 지인의 대학에 한표를 던지는 관행은 여전할 것이고 그들이 객관적이길 바라는 건 무리다.

자기대학을 못쓰게 한다고 해도 여전히 문제는 남아있다.

경쟁대학을 쓰지 않으면서 자기대학을 보호하는 심리는 여전히 남아 있다.

평가기관들은 대수의 법칙(Law of Large Number)에 의해 이런 문제가 해결 될 수 있다고 주장한다.

교수들이 자기가 속한 대학을 적어내거나 경쟁대학을 쓰지 않는 요령을 부린다고 하여도 많은 숫자의 응답자가 확보되면 충분히 그러한 문제를 상쇄시킬 수 있다고 주장한다.

과연 그럴까?

동료평가도 물론 각 대학의 노력에 의해 그 점수가 증가할 수도 있다. 그렇지만 그것이 1~2년 내에 2~3배 이상 증가할 수 있다면 그러한 동료평가가 대학의 랭킹을 정하는데 과연 적정한 방법인지는 심각하게 생각할 필요가 있다.

동료평가가 왜 필요한가?

동료평가가 연구력을 측정하는 과정이라는 주장은 원론적인 것일 뿐이다. 연구력 측정이라기보다는 명성을 측정한다고 보는게 더 정확하다.

연구력만 측정한다면, 교수일인당 논문수라든가 일인당 논문 인용수 등으로 충분히 측정 가능하다.

결국 동료 평가는 명성을 측정하는 것인데 그것도 “왜곡된 명성”을 측정하는 것일 뿐이다.

그렇다면 동료평가를 아예 없애는 게 대학평가에 적절 한 것일까?

연구의 유명도를 측정한다는 동료평가(AR)는 정확한 것인가?

동료평가(Peer Review)라는 것이 있다. 해외 평가기관들이 단골로 사용하는 것이 동료평가이다.

아주 일부 대학을 제외하고는 대부분의 대학들이 싫어하는 게 동료평가이다.

교수들이나 학자들에게 질문지를 주고 자기분야에서 연구를 잘하는 대학 몇 개를 쓰라는 식인데 이를 토대로 대학의 유명도(Reputation)를 판단하는 것이다.

평가기관들이 유명도 평가를 하는 이유는 몇 가지가 있다

우선, 연구력이나 대학 인프라만 가지고 평가를 하면 갑자기 나타난 신데렐라 대학의 랭킹이 급격히 높아질 수 있다는 논리이다. 이를 막아야 한다는 것이 그들의 생각이다.

논리적으로 틀린 이야기는 아니지만 그 비중이 너무 높다는 것이 큰 문제이다.

가령 QS의 유명도 평가의 비중은 세계랭킹의 경우에는 무려 40%나 되는데 이는 고용주평가(Employer Review)까지 포함한다면 50%가 되는 것으로 대학 순위의 반을 유명도(명성)로 결정한다는 이야기가 된다.

왜 그렇게 높은 비중(40%)을 두느냐 하고 질문했을 때 “Why 40%?”에 대한 질문에 돌아온 답은 “Why not?”이었다.

그런데 사실상 평가기관들이 유명도 평가의 비중을 높게 잡는데는 숨겨진 이유가 있다고 추측된다.

우선 그들이 원하는대로 랭킹이 나오는 것이 필요하기 때문이다. 특히 상위 10위권에서 랭킹이 그러하다.

미국의 하버드, 스탠포드, MIT, 칼텍대학이나 영국의 옥스퍼드 캠브리지 대학들이 10위안에 들어있어야 그 랭킹이 신뢰를 받는다고 생각하면서 각종 기준의 비중을 조정해 보는 것이다.

이렇게 되면 당연히 유명도의 비중이 높아질 수밖에 없다.

또 하나의 이유는 평가기관들이 갖고자 하는 지렛대(leverage) 때문에 평가기관들은 계산을 하는 것 이외에는 힘을 쓸 수가 없을 것이다.

그런 의미에서 유명도의 비중을 높히면 평가기관들이 할일이 많아진다.

유명도 조사의 주도권을 가지게 되고 평가기관에 대한 관심을 고취시킬 수 있게 된다.

또한 여러 가지 회의를 개최하여 대학들의 참여를 유도하기에도 편하다.

물론 평가기관들의 대학평가를 통한 대학발전에 대한 공헌을 간과해서는 안되지만 이러한 유명도 조사를 지렛대로 이용하고 있는 상황은 대학들을 힘들게 하고 있기도 한다.

유명도 점수를 높히려면 어떻게 해야 하나?

하버드는 무조건 1위?

랭킹기관들이 동료평가(AR)를 통해 연구실적에 관계없이 대학의 랭킹을 정한 에피소드가 있다.

이 랭킹기관은 5년 전 처음으로 전공별 랭킹을 발표하면서 하버드대학을 전자분야와 컴퓨터 분야에 5위 이내로 랭크 했다.

그냥 읽어보는 사람들은 하버드같이 유명한 대학은 당연히 5위 에 든다고 생각 했을 것이다.

그러나, 아이러니 하게도 하버드는 미국 내 대학랭킹만을 조사하는 유에스뉴스 리포트에선 10위안에도 들지 못했다. 해당 학과가 아예 없기 때문이다(지금은 하버드 공대가 생겼다).

몇 년 전 모 랭킹기관에서 하버드대학 전기공학과가 세계랭킹 3위라고 발표한 적이 있다.

그러나 실제로 하버드대학에는 전자공학과가 없다.

미국의 국내 랭킹 전문기관인 NEWS WEEK 지는 미국의 대학 랭킹을 정확히 발표하고 있다.

그 기관의 대학랭킹에는 하버드 공대는 아예 없다.

이렇게 미국 내에서 존재조차 하지 않아 랭킹이 없는 대학이 어떻게 세계 랭캥 3위에 들 수 있는가?

왜 이러한 모순이 일어나는가?

이는 평가기관이 사용하고 있는 동료평가의 허점을 여실히 보여주고 있는 것이다.

동료평가의 허점은 크게 두 가지로 나뉘어진다.

첫째는 자기하고 친한 대학을 자주 쓴다던가 하는 것이다.

우리가 아무리 자기 분야에서 잘 아는 대학을 쓴다하더라도 15개를 쓴다는 것은 쉽지 않다.

그래서 본인에게 익숙해져있는 유명대학들을 별 생각없이 나열하게 된다.

결국, 그 평가기관에서는 이러한 우스꽝스러운 에피소드를 황급히 내린 적이 있다.

우리는 여기서 동료평가의 허점을 볼 수 있다.

만약에 대학 랭킹을 동료평가로 정한다면 랭킹을 발표할 이유가 없다.

기존의 반영대로 그대로 대학의 순위를 정하면 되는 것이다.

대학의 랭킹이라고 하는 것은 그러한 기존의 명성에도 불구하고 새롭게 부각되는

떨어지고 있는 대학들을 살펴보는 데에 의미가 있다.

그러하기 때문에 동료평가의 비중을 크게 해서는 안되는 것이다.

그러면 왜 평가기관들은 모순이 많음에도 불구하고 동료평가의 비중을 고집하고 있는 것일까?

거기에는 크게 두 가지 이유가 있다.

첫째는 만약에 연구업적이라던가 하는 사실에 만을 근거해서 랭킹을 정한다면, 갑작스럽게 부각 되는 대학이 있을 수가 있다.

얼마 전 대학 랭킹에서 이집트에 어느 대학이 세계랭킹 100위 안에 들어간 적이 있다.

또는 한국에 어떤 이름 없는 대학 분교가 갑자기 탑10 안에 드는

경우가 실제 벌어질 수 있다.

그것은 아주 작은 신설대학이 작은 숫자의 교수로 탁월한 논문수를 올린다면 갑자기 그 신설대학이 탑 몇 위 안에 들 수가 있다.

그러한 경우에 대비해서 동료평가의 tool을 쓸 수가 있다.

이것은 긍정적인 의미에서의 동료평가이다.

부정적인 의미에서 평가기관들이 동료평가를 강요하는 경우가 있다.

이것은 동료평가는 블랙박스에 해당하기 때문에 랭킹기관들이 자유자재로 조절할 수 있는 소위 말하는 자율권 leverage를 갖고 있다.

그래서 대학들이 랭킹기관들에 대해서 이러한 이유로 동료평가를 보유하려는 경향이 있기도 하다.

어쨌든 동료평가는 어찌보면 필요하기도 하고

그러나 악용되면 매우 나쁜 그러한 양면성을 가지고 있다.

랭킹에 연구력의 영향력

랭킹 기관들은 연구평가 조사가 연구력에 포함된다고 주장한다. 가령 QS 랭킹은 월드랭킹에서 20% 논문인용도와 40%의 연구명성을 따져 60%의 연구력을 본다고 주장한다.

그러나 이러한 주장에는 상당한 모순이 있다.

과연 PR(동료연구평가=연구명성)이 연구력으로 간주될 수 있을까?

우리는 이 부분에서 Deceptive(착각, 속임수)라는 단어를 쓰고 싶다.

그건 왜 그럴까?

연구력에 PR이 포함된다고 랭킹기관들은 주장한다.

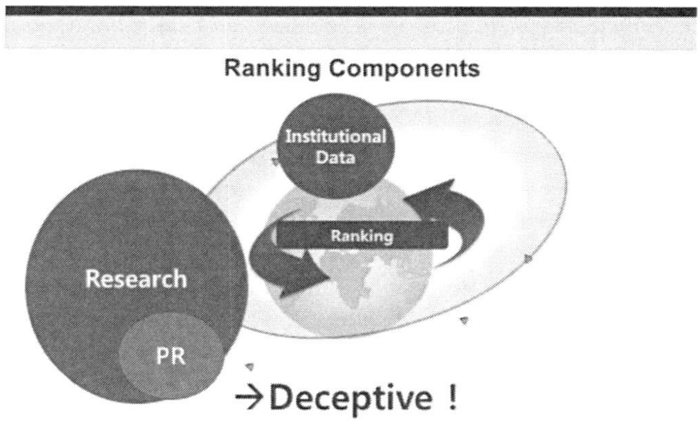

사실상, 연구명성은 "당신의 분야에서 유명한 대학을 나열하시오"라는 식인데 실제 결과는 연구명성 보다는 VSS가 높은 대학이 나타나기 마련이다.

이미 언급한대로 하버드대학이 전자공학 등에서 미국 내 US News 조사에서 10위안에 못들었어도 한 랭킹기관의 전공별 조사에서 세계 3위를 한 적이 있는 경우가 그것이다.

연구명성이 아닌 VSS 명성에 따른 결과이다.

랭킹을 구성하는 요소는 2개가 아니라 3개임이 확실하다.

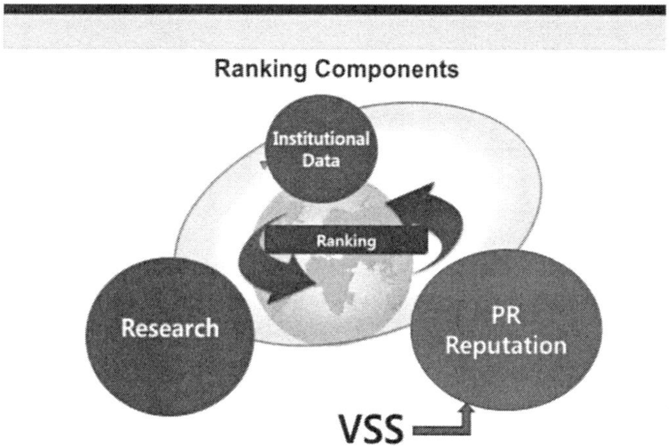

VSS 명성인 PR의 구성요소는 무엇일까?

우선 연구력이 영향을 준다는 건 의심할 여지가 없다. 그러나 연구력이 PR에 영향을 주려면 상당한 기간이 필요하다.

대학의 연구력에 의해 그 대학을 추천하려면 많은 시간이 걸리기 때문이다.

아마도 PR에 단기간에 영향을 주는 것은 국제적인 인지도전략(Global Visibility Strategy), 학자들간의 네트워킹(Network Strategy), 평가기준의 합리화(Criteria Strategy)를 위한 국제적 활동 등이 포함될 수 있다.

이러한 활동을 통해 대학들은 단기간의 PR을 높이는 노력을 할 수 있다. 거듭 강조하는 것은 이러한 활동과 병행하여 연구력을 높이려는 노력은 당연히 지속적으로 진행되어야 한다.

AR의 4대 요소

AR/PR Management 4요소

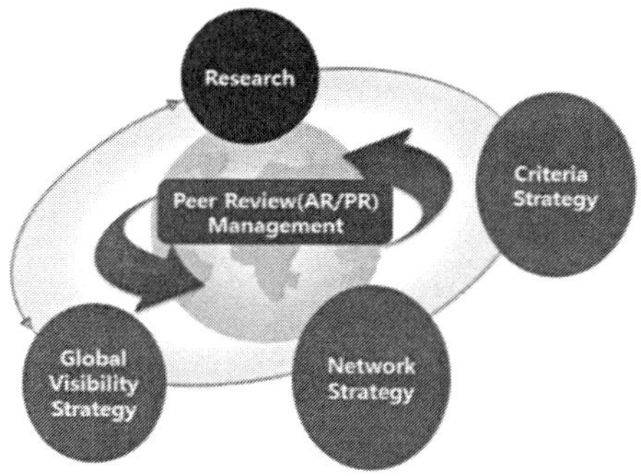

05

CHAPTER

바람직한 대학상

05 바람직한 대학상

(2013~2016년 경북매일신문 〈서의호 칼럼〉 발췌)

능력이 존중되는 사회

지난 24일 서울의 한 사립대학 한 학과의 홈커밍데이에 참석했다. 저자가 30여 년 전 미국 유학을 떠나기 전까지 2년이라는 짧은 기간이지만 조교수로 재직해 학생들을 가르쳤던 대학이었다. 그 시절은 저자도 20대였기에 학생과 교수가 구분이 되지 않을 정도로 학생들과 함께 어울리면서 교육과 연구를 하던 시절이었다.

옛 제자들도 이젠 50대에 접어들어 사회 요소요소에서 활약 중이었고 희끗희끗한 머리가 이제 스승이었던 저자와 함께 나이가 들어가는 모습이 감개무량 했다. 국내의 유명한 대기업의 부사장으로 있는 제자와 함께 이 모임을 참석하면서 정말 정겹고 보람된 시간을 가졌다.

참석한 시니어 제자들이 학생 후배들에게 사회 경험과 사회진출의 준비들을 설명하고 인생의 나침반 같은 교훈적인 이야기를 할 때 그들은 멋진 든든한 모습이었다.

이 대학은 오랜 역사와 전통으로 자리 잡은 사립대학으로 교육이 충실하고 인성교육이 훌륭한 대학으로 명성을 가지고 있다.

저자는 30여 년 전 그 시절의 대학의 모습을 사진으로 보여주면서 달라진 캠퍼스, 달라진 대학생활을 보여주고 또한 달라진 커리큘럼 등도 설명하면서 나름 대학생활에서 갖춰야 할 덕목 등을 이야기 하면 흔쾌한 시간을 가졌다. 모임은 근처 식당으로 이어져 저녁식사를 함께 했다. 재학생, 졸업생 100여 명의 참석자가 식당을 꽉 메우고 시끄럽긴 하지만 즐거운 저녁식사가 이어졌다.

그러던 중 좌석에서 해당학과 현직 교수와 이야기를 나누던 중 이해할 수 없는 대화가 오고 가게 됐다. 이 전공분야에서 최근 각광을 받고 있는 금융공학을 가르치냐는 저자의 질문에 그 교수는 가르쳐야 하지만 안가르친다고 했다. 왜냐고 물어보는 나의 질문에 금융계는 매우 폐쇄적으로 아주 제한된 소수의 대학 졸업생만 받아들이기 때문이라는 황당한 답을 내놓았다.

저자의 당황스러움은 “왜”라는 질문에서 시작됐다. 물론 제한된 분야이긴 하겠지만 졸업생들이 대기업의 임원으로 진출해 크게 활약하고 있는 유명한 중견대학인 이 대학이 이런 상황이라면 소위 중소대학이나 지역대학(지방대학, 저자는 지방대학이란 말을 사용하지 않는다)은 이보다 심한 사회진출의 문제를 안고 있을 것이라는 생각을 했다.

사실 대학교수들도 대학이 지방에 위치하고 있다고 하여 중앙정부 자문과 정책참여에 여러 가지 차별을 받아온 것도 사실이다. 저자가 미국대학 교수시절 워싱턴에서 수천 km 떨어진 도시의 대학교수였지만 중앙정부 정책참여에 아무런 문제가 없었다. 사실상 스탠포드, 버클리, 칼텍과 같은 대학들은 워싱턴에서 비행기로 4시간 이상 걸리는 거리에 있지만 미국정부의 정책 등의 자문에 광범위하게 참여하고 있다.

인재에 대한 차등은 학생, 교수 모두 광범위하게 차등 적용되는 것이 한국적인 현실이다. 사실 정부는 그동안 지방대학 특성화사업, 지역대학 할당제, 지역 인재 우대정책 등 줄곧 관련 정책을 발표해왔다. 이러한 정책에 환영과 찬성을 보내고 싶다.

그러나 강제적으로 실시할 수밖에 없는 이러한 정책은 사실상 우리의 자화상이다. 근본적으로 사회에 퍼져있는 편향된 인식의 구조가 바뀌지 않는 한 이러한 정책들이 소기의 목적을 달성하고 성공하기는 쉽지 않아 보인다.

저자는 오래 전부터 개인적으로 '지방대학'이라는 단어를 쓰지 않는다. 세계지도를 들여다보면 한반도는 하나의 점에 지나지 않는다. 그러한 점에서 점 왼쪽에 있으면 어떻고, 점의 오른쪽에 있으면 어떤가? 글로벌 시대에서의 지방대학이란 말 자체가 적절하지 않다.

그렇다면 서울 중심의 사고방식은 기업의 채용방식에서부터 바뀌어야 한다. 중소 도시에 위치한 지역대학들은 오히려 상대적으로 번거롭지 않고 쾌적한 삶의 환경 때문에 학생들의 학업과 교수들의 연구에 도움을 주고 있다. 대학교육 선진국인 미국의 경우 좋은 대학들이 중소도시나 도시외곽에 있는 경우가 흔하다.

이제 우리는 간판이나 지역 보다는 능력이 우선되는 사회를 만들어야 한다. 정부, 기업이 능력으로 인재를 선발하는 사회는 결국 선진국으로 가는 사회의 전제조건이다.

이 조그만 나라에서 어디가 서울이고 어디가 지방인가. 이 미국의 한 주보다도 더 작은 나라에 무슨 지방대학이란 말이 필요한가? 이젠 우리는 바뀌어야 한다.

강남스타일과 노벨상

최근 한국문화의 세계화에 앞장서고 있는 작품은 단연코 '강남스타일'이다. 한국문화, 한류의 아이콘이 됐다. 가수 싸이가 작년 7월 내놓은 이 곡은 각종 기록을 갈아치우며 세계정상에 섰다. 유튜브 조회수가 10억이 넘으며 유튜브 역사상 조회 수 1위를 차지했고, 세계 30개국에서 음악차트 1위를 차지했다. 또한 유럽, 미국, 아시아 등의 뮤직페스티벌에서 각종 상을 휩쓸었다. 무엇보다도 50만이 넘는 패러디가 만들어져 작은 나라 한국의 홍보에 크게 기여하고 있다. MIT를 비롯한 미국의 대부분의 주요 대학이 패러디를 제작하였는데, 얼마 전 '포스텍 강남스타일'이 포스텍 교수들의 기부금과 학생들의 노력으로 제작돼 유튜브에서 화제가 되고 있고, 해외 학교홍보에 크게 활용되고 있다.

사상 유례없는, 선풍적인 인기를 끌고 있는 '강남스타일'에서 우린 무엇을 배울 수 있을까? 첫째, 한국의 것도 최고가 될 수 있다는 자신감이다. 한국말로 부른 노래가 세계 1위에 오르리라는 것은 상상할 수 없었던 쾌거이다. 한류로 인해 아시아권에서는 한국의 노래들이 알려지기 시작했지만, 서구권에서 한국의 노래가 음악차트 1위에 오르리라고 누가 상상했었겠나? 둘째, 세계를 무대로 해야 한다. '강남스타일'이 만일 유튜브에 올려지지 않았다면 아마 이러한 현상도 없었을 것이다. 전 세계인이 주목하는 음악사이트에 올려 졌기에 가능한 것이었고, 세계적인 기획사와의 계약도 큰 역할을 했다. 셋째, 싸이의 준비된 국제감각이다. 영어가 유창해 외국인과의 대화를 두려워하지 않고, 큰 무대, 국제무대에 강한 면모를 보인 싸이 자신이 강남스타일의 세계화에 한몫을 했다.

'강남스타일'의 교훈은 우리가 갈망하는 노벨상과 어떻게 연결될 수 있을까? 한국의 노벨상 수상을 위해 '강남스타일'에서 배울 것은 무엇일까? 첫째, 한국에서 일구어낸 연구결과가 노벨상을 받을 수 있을 것이라는 희망이다. 한때 줄기세포 소동도 있긴 했지만, 포스텍을 비롯한 각 대학에서 우수한 연구결과를 내놓고 있다. 그러나 그러한 연구결과에 대한 확신과 자신이 떨어지는 것이 문제이다. 무언가 2% 부족한듯한 자신감의 결여가 우리 학계의 아킬레스건이다. '강남스타일'처럼 우리의 연구도 세계적으로 인정받을 수 있다는 자신감이 필요하다. 둘째, 노벨상을 위해선 우리연구의 세계화가 절대 필요하다. 노벨상을 받은 연구들은 대개 여러 학자들의 합동연구로 이루어진다. 한국의 연구결과가 빛을 발하려면 외국 유수학자들과 연구가 공유돼야 하고, 해외 유수의 학회지에 발표돼야 한다. 또한 논문의 인용수도 중요하며, 그러한 인용 수는 공동연구, 학회지발표 뿐만 아니라 세계적인 학자들과의 네트워크를 통하고, 각종 학회 등에서의 활발한 발표 등으로 인정을 받아야 한다. 셋째, 싸이처럼 학계의 국제화 인프라가 갖추어져야 한다. 싸이는 유창한 영어와 큰 무대에 강한 국제감각으로 성공했다. 마찬가지로 우리의 학계도 그러한 인프라가 갖춰져야 한다. 미국이 300명이 넘는 노벨상을 배출한 배경에는 위의 삼박자가 모두 갖추어졌기 때문이다. 창의력에서 오는 자신감, 세계의 유수학자들이 몰려오는 환경, 그리고 그들의 모국어이긴 하지만 영어를 구사할 수 있는 능력.

작은 나라로서 지리적으로 중심이 아니고, 그리고 영어가 제2외국어인 우리로서는 불리한 환경임을 인정하자. 그러나 그러한 환경을 극복해야 한다. 그러한 극복을 싸이가 보여줬고, '강남스타일'이 보여줬다.

2010년 영국 타임즈(THE)는 포스텍을 세계 28위(한국 1위)로 보도했다. 한국의 대학이 세계 30위 이내에 들어간 것은 유례없는 일이었다. 랭킹이 매년 변하긴 해도 한국의 대학이 세계적인 대학과 어깨를 겨룰수 있다는 것을 증명한 쾌거였다. 노벨상도 결코 이루어질 수 없는 꿈이 아니다. '강남스타일'이 우리에게 가르쳐준 교훈을 잘 활용한다면 노벨상의 꿈의 실현은 멀지 않았다.

대학평점의 인플레 현상

"교수님 나 어떡하면 좋아요?"라고 우는 학생의 전화를 받고 난감한 적이 있다. 저자가 있는 대학이 아닌 다른 대학을 다니는 학생인데, 학기말 평점이 3.9였다. "평점이 좋은데 왜 우느냐"고 하니까 친구들이 대부분 4.0이 넘는다고 했다. 지금 대학은 평점 인플레 현상으로 몸살을 앓고 있다. 3.5가 안되면 큰일이 난 것처럼 생각한다. 일반 대학에선 대학원시험에 합격하려면 3.8은 돼야 한다고 하는 생각이 팽배해있다. 교수들은 C, D, F 학점을 줄 엄두를 내지 못한다. 학생들이 불평하고, 교수 강의평가가 나빠지고, 학생들의 취업과 진학에 불리하기 때문이다. 인기있는 교수가 되려면 학점을 잘 줘야 한다. 저자가 대학 다닐 때는 학과 수석이 될 만한 평점이 이제는 학과평균 정도 밖에 되지 못하는 현상이 벌어지고 있다.

평점의 변별력이 떨어지면 사실상 그 부작용은 대학 측으로 다시 돌아온다. 기업이나 대학원에서 신입사원이나 대학원생을 선발할 때 아예 평점을 무시하거나 너무 높은 평점을 요구하게 되면 그 부작용은 대학의 책임이다. 평점의 인플레는 상호 악순환의 결과이다. 기업이 높은 평점을 요구하면 더 높은 학점을 줘야 하고, 더 높은 평점을 보면서 기업은 그보다 더 높은 평점을 요구하게 돼 악순환의 고리를 끊을 수 없다.

미국의 대학 평점은 변별력이 있기로 유명하다. 교수들은 D, F 학점을 과감하게 준다. 3.0 정도면 학과평균을 상회하는 경우도 많다. 이러한 변별력은 학생을 받아들이는 기업이나 대학원에게 신뢰감을 준다. 반면, 한국학생들이 미국대학원에 지원서를 내면 한국대학 평점을 인정하지 않는데, 한국대학의 평점인플레에 원인이 있다.

저자가 미국 대학교수 시절 한 학생과 부모가 찾아온 적이 있다. 울면서 사정하는 그들의 이야기는 F를 받은 학점을 고쳐야만 졸업이 가능하다는 읍소였다. 다시 시험답안지를 채점하고, 여러 가지 과정을 거쳐 학과의 승인을 받아서 구제를 해줬지만 미국대학의 엄격한 평점,

학점관리의 면모를 보는 사건이었다.

한국대학의 평점이 변별력이 떨어진 원인에는 정부, 기업, 대학의 공통적인 책임이 있다. 우선 정부가 이공계특별장학금 자격을 높은 평점으로 책정한 데 있다. 이 제도 시행 후 우수대학, 특히 이공계의 평점 인플레가 가속화됐다. 대학에 상관없이 일괄적인 평점을 책정한 것이 문제가 된 것이다. 기업들도 일정한 평점을 정해 지원 자격을 제한하는 경우가 있다. 이로 인해 대학에서는 평점을 잘 줘야 학생들이 취직할 수 있다고 생각하게 됐다. 각 대학의 대학원들도 일괄적으로 각 대학별로 평점을 정해 그 이하면 일괄 탈락시키는 경직된 제도를 운영하고 있다.

이제 이런 경직된 사고를 바꿔야 한다. 정부는 탄력적 평점제도를 운영할 필요가 있다. 수준별 평점을 탄력적으로 운용하든가 또는 평점이 장학생 선발에 차지하는 비중을 줄일 필요가 있을지 모른다. 또한 각 대학에 평점의 커브를 적용해 무조건적인 평점상향을 막는 제도적인 장치를 만들 필요가 있다. 기업도 다양한 스펙을 고려해 사원을 선발해야 한다. 평점은 중요한 자료이긴 하지만 탄력적으로 활용하는 운영의 묘를 살릴 수 있다.

대학원은 학생선발에서 면접이나 시험의 기능을 좀더 강화해야 한다. 일괄적인 평점을 적용하지 말고 탄력적인 방식으로 학생을 선발해야 한다. 사실 평점인플레 현상은 극심한 취업경쟁이 그 원인일 수 있다. 취업환경의 개선이 선행돼야 한다. 또 다양한 스펙을 가진 졸업생들이 취업을 자유롭게 할 수 있는 취업 패러다임이 변해야 한다. 사회 전반에 걸쳐 다양성이 인정되는 사회가 돼야 한다. 어제 내한한 마이

크로소프트의 빌게이츠가 자기만의 세계를 추구하는 것이 중요하다고 했다. 그런 사고가 요즈음 정부의 화두인 '창조경제'의 기본적인 전제 조건일 것이다

학생이 쓰는 추천서

며칠 전 현재 국내유수회사에 취직중인 포스텍을 졸업한 중국인 학생이 미국대학의 박사과정 진학을 위해 추천서를 써달라는 이메일을 보내왔다.

그런데 이 학생이 자기가 자기추천서를 모두 작성하여 나에게 확인하고 사인만 해서 미국의 대학에 보내달라는 부탁이었다.

나는 그 학생에게 즉각 회신을 보내서 추천서는 교수가 직접 작성하는 것이며, 다만 학생이 추천서에 포함시키고 싶은 자기 장점에 대하여 나에게 알려주면 그러한 내용을 나의 평가에 함께 포함시키겠다고 하면서, 학생이 직접 자기 추천서를 쓰는 것은 옳지 않은 행위라고 타일렀다.

그런데 이 학생이 그 다음 회신에서 "한국에서는 대학교수들이 시간내기가 귀찮아서 학생들이 써온 추천서에 사인만 한다"는 이야기를 듣고 그렇게 했다고 죄송하다는 사과문을 보내왔다.

30여 년 전의 기억이 새롭게 생각났다. 그 당시 한국에 있던 나는 미국에 있던 형님이 대학원 진학을 위해 명문대인 모 대학에 가서 몇 분의 교수로 부터 추천서를 요청하라는 연락을 받고 그 학과를 찾아갔

다. 놀라왔던 충격은 대부분의 교수가 “네가 작성해 오면 사인만 해 주겠다”는 것이었다.

그때의 충격은 지금도 남아있다. 당시 외국이라고는 가본적도 없던 나는 어떻게 영어로 추천서를 작성해야 하는지 당황하면서 외국에서 공부하신 분들이 왜 나에게 추천서를 쓰라고 할까…? 하여튼 서투른 영어로 추천서를 작성하여 사인을 받았던 기억이 있다. 물론 그분들은 추천서를 읽어보지도 않았다.

그 당시 단 한분의 교수가 “내가 직접 써서 미국에 보낼테니 추천서 양식만 놓고 가라”고 하셨는데 그분이 그렇게 존경스러워 보였다. 그분이 훗날 국무총리/경제장관까지 지냈던 조순교수이다.

하여튼 중국학생이 들었다는 추천서를 사인만 하는 교수가 내가 근무하는 포스텍에는 없을 거라고 생각해 본다. 미국대학에서는 추천서를 입학사정의 중요한 평가 자료로 활용한다. 그것은 교수가 추천서를 솔직하고 공정하게 쓴다는 가정하에서 그러한 자료로 활용하는 것이다.

물론 자기 제자를 나쁘게 쓸 교수는 없겠지만 장점과 단점을 잘 기술하면서도 학생을 잘 추천할 수 있는 것도 기술이라고 본다. 칭찬일색보다는 단점을 일부 기술한 추천서를 더 신뢰하게 되는 것은 당연한 사실이다.

추천서를 학생이 작성하고 교수가 잘 읽어 보지도 않고 사인하는 폐습이 혹시 국내 일부 대학에 아직 남아 있다면 사라져야 하는 잘못된 모습이다.

대학총장의 역할

지역의 한 유수한 대학이 총장공모 광고를 신문에 실었다.

지난 20년간 한 분의 총장이 대학을 잘 이끌어 온 대학이지만 이제 세월이 흘러 새로운 총장을 모실 때가 된듯하다.

얼마 전 싱가포르에서 열린 대학평가회의에 참가해 여러 대학 총장들과 이야기를 나눌 기회가 있었다. 한 총장은 “대학에는 교수 숫자만큼의 총장이 있다”고 어려움을 호소했다.

또 다른 총장은 “대학캠퍼스를 재개발하려고 하는데 의견 통합이 되지 않는다”고 힘들어 했다.

이런 말들은 대학의 수장 역할을 하는 것이 얼마나 힘든 일인지를 보여준다. 이것은 한국은 물론 외국에서도 마찬가지이다.

얼마 전 해외에서 영입돼 대학을 개혁하려다가 여러 가지 반대에 부딪혀 결국 다시 해외로 떠난 국내유수 과학기술대학의 사례는 국내 현실에 대한 이해와 구성원들의 신뢰를 바탕으로 하지 못한 총장의 개혁은 토착화하기 어렵다는 교훈을 남겼다.

또한 대학의 기금을 많이 확보해 대학발전에 혁혁한 공과를 세우고도 연임하지 못한 한 국내 유수대학 총장의 이야기도 역시 총장 역할의 어려움을 보여준다.

대학 총장의 리더십은 일반조직의 리더십과는 달라야 한다.

일반조직은 상명하복의 수직적인 상하관계가 존재하는 것이 일반적이고 또한 그러한 관계는 전체적으로 물리적인 힘을 기반으로 한다.

그러나 대학은 지식을 생산하고 나누며 후학을 길러내는 장소이며 수평적이고 민주적인 조직을 기반으로 한다.

저자는 여름방학 연구차 나가있던 한 독일대학 총장의 수평적이고 민주적인 사고에 대해 칼럼으로 연재한 바 있다. 그 총장을 이번 싱가포르에서 다시 만나 저자가 쓴 칼럼에 대해 이야기 할 기회가 있었는데 여전히 그 총장의 인식은 대학의 민주적이고 수평적 운영에 대한 확신이 있었다.

사실상 민주적이고 수평적 운영으로 조직을 이끌기는 쉽지 않다. 그러기 위해서는 총장은 물리적인 힘 보다는 덕목에 의해 대학을 이끌어 가야 한다.

우선 대학개혁에는 현실적인 기반을 먼저 인식하는 것이 필요하다. 특히 외부에서 영입되는 총장은 내부적 상황과 정서, 그리고 그 대학의 역사적인 배경을 이해하는 게 중요하다. 물론 개혁을 하려면 기존의 질서들을 무시해야 한다는 이론도 있을 수 있다. 그러나 대학은 급격한 변화 보다는 구성원들의 합의점에 기초한 개혁이 더 중요하다는 것은 대학이 지성인들의 자존심을 기초로 하고 있기 때문이다. 특히 외부에서 유치되는 총장의 경우 국내에서 그 대학을 위해 노력해온 구성원들의 자존심을 다치게 해서는 안된다.

외부 중에도 해외에서 초빙되는 총장의 경우는 더 신중해야 한다. 오랫동안의 해외생활로 국내환경이나 국내정서에 어두울 수 있기 때문이다. 국내에 적응하는 것을 타협이라고 생각하기 쉽다. 그러나 적응과 타협은 다르다. 적응을 통해서 올바른 정책을 결정하는 지지기반을 확보하는 것이 중요하기 때문이다.

대학 구성원인 교수, 직원, 학생들이 열정을 가질 수 있도록 도와주는 것도 중요하다. 그러한 열정을 가진 구성원들은 적극 밀어주어야 한다. 이러한 열정에 대한 지원은 전체 구성원을 신나게 만들 수 있다. 교수는 연구를, 직원은 업무를 또 학생들은 학업에 전념할 수 있는 신나는 캠퍼스를 만들 수 있는 것이다.

이러한 열정에 대한 지원은 구성원의 자율성에 근거해야 한다. 총장이 너무 미시적인 운영을 하며, 조직의 세부사항을 간섭해서는 구성원들을 신나게 하기 힘들다. 열정을 가진 구성원들의 능력을 극대화하는 것이 중요하다. 이러한 능력의 극대화는 총장이 구성원들의 요구사항에 항상 귀를 기울이는 자세로 부터 출발한다. 더 많이 들어야 한다. 듣는다고 하지만 듣지 않는 경우를 종종 보게 된다.

마지막으로 총장은 대학을 대표해 대학 이미지를 제고하고 기금들 외부의 적극적 후원을 끌어내는 것이 중요한 임무이다. 대학이미지를 제고하기 위해서는 대외협력, 국제 협력 등을 내부적 역량 및 평가와 연결하는 역할을 총장이 주도적으로 해야 한다. 대외적으로 활동적이어야 하고 좋은 평가를 받아서 구성원들의 외부활동에 도움을 줘야 한다.

참으로 대학총장의 역할은 힘들다. 봄이 오면 출범할 새로운 총장은 이러한 덕목과 리더십으로 대학을 잘 이끌어주길 주문하고 싶다.

독일총장의 겸손과 절약

저자는 현재 옛 동독지역의 드레스덴에 있는 드레스덴공대에 연구차 와 있으며 비교적 선선한 여름을 보내고 있다. 이곳은 위도가 높아 여름이 그다지 덥지가 않고 선선한 바람이 아침저녁 불어온다.

독일은 출장으로는 몇 번 왔었지만 시간을 가지고 독일을 차분하게 들여다 볼 기회를 갖고 있다는 점에서 이번 방학은 큰 의미가 있는 것 같다.

전차, 버스 등 대중교통이 아주 잘 발달되고 자전거길이 잘 정리되어 공공질서가 확립되고 안전한 길거리가 조성되어 있는 것이 특징이고 매우 깨끗하고 질서있는 사회라는 것을 느끼고 있다.

그러나 이런 것보다 저자에게 더 강한 인상을 준 것은 최근 런던에 이 대학 총장과 함께 출장을 다녀오면서 받은 문화적 충격이었다. 이 충격은 독일에서 그동안 느꼈던 어떤 것보다 더 강렬하게 다가왔다.

저자를 대학평가와 관련한 공동연구를 위해 초청한 드레스덴공대 한스뮐러 스타인하겐 총장의 겸손과 절약은 감명을 넘어 존경심을 일으키기에 충분한 것이었다.

런던 출장에 앞서 가진 세미나에서 약간 늦은 총장은 회의 테이블 구석에 앉았다.

한국대학 같으면 가운데 총장자리를 비워놓는 게 상례이지만 여기선 그렇지 않았다. 먼저 온 순서대로 앉고 총장은 빈자리에 가서 앉아 세미나 연사의 강연을 경청했다. 대학발전에 관한 세미나였고 총장이 주재한 세미나였지만 늦게 왔기에 구석에 앉는 걸 당연히 여기는 분위기였다.

한국적인 권위주의적 분위기에 익숙한 저자에게 꽤 신선한 충격이 왔다. 그러나 그건 시작에 불과했다.

런던으로 가는 직항이 있는데도 국적기인 루프탄자를 타겠다고 프랑크푸르트를 들러가는 비행기를 선택한 건 꼭 칭찬해야 하는지는 모르겠지만 먼저 올라탄 스타인하겐 총장은 예상을 뒤집고 비즈니스석이 아닌 일반석인 이코노미석으로 가서 앉는 것이었다. 대학의 보직자만 되어도 비즈니스석을 고집하는 우리나라 대학의 모습과는 대조적인 모습이었다. 이코노미석에 총장과 함께 앉아서 나는 많은 대화를 나누며 그 소탈하고 순수한 모습에 진한 감동이 다가왔다.

런던에 내린 건 밤 11시가 넘어서였다. 하는 수 없이 호텔까지 택시를 탈 수밖에 없었다. 택시에 자기 짐을 손수 집어넣고 세 명이 타는데도 자리배치에는 신경도 쓰지 않았다.

다음날 아침식사를 한 후 회의 장소로 가는 길에 당연히 대학이 예약한 임대택시가 올 줄 기대했던 나는 지하철로 향하는 총장을 어이없이 따라갈 수밖에 없었다.

런던지하철은 서울지하철 만큼 깨끗하지 못하고 냉방도 시원치 않았다. 하지만 아랑곳없이 표를 사서 나에게 건네주는 모습과 런던에서 교수로 근무한 적이 있다고 앞서서 길을 안내하는 모습은 누가 총장이고 누가 교수인지 구분하기 조차 힘들었다.

회의 내내 총장은 직접 대학을 소개하면서 홍보에 최선을 다하고 있었다. 회의가 끝난 후 우린 거의 한 시간을 런던지하철로 공항까지 이동했다. 여전히 총장은 자기 짐을 끌면서 다녔고 표도 직접 구매해 우리에게 나눠줬다.

갑자기 몇 년 전 대구에서 있었던 대통령 주재 어떤 회의의 에피소드가 생각났다. 기초단체장 자리보다 뒤에 배치된 어떤 총장께서 갑자기 일어나 자리배치를 탓하면서 “총장은 장관급인데 이럴 수가 있느냐” 따졌다고 한다. 순간 좌중은 당황한 상황이 됐는데 당시 이명박 대통령이 “왜 총장이 장관급이냐 대통령급이지”라고 받아넘겨 위기를 넘겼다는 기사를 읽은 적이 있다.

독일대학 총장의 행동과는 너무도 대조되는 이야기다.

최근 일어난 샌프란시스코 아시아나항공기 추락사고도 미국신문에서는 한국의 비행기 조종사 간의 권위주의적 위계질서 때문에 사고가 일어난 것이라고 보도한 적이 있다. 사실여부는 차치하고라도 한국의 문화를 바라보는 그들의 시각이 어떤가를 극명하게 보여주고 있다. 우리 모두는 이제 이런 권위의식에서 벗어나야 하고 또한 허세에 의한 낭비를 줄여야 한다.

장관, 국회의원, 총장 …. 이런 공직자들은 국민의 세금으로 봉사하는 자리이지 지배하는 자리가 아니라는 의식을 가져야 한다. 권위의식을 버리고 솔선해 절약하는 정신을 보이고 오히려 국민들과 구성원들의 복지를 위해 더욱더 애써야 한다.

스타인하겐 드레스덴 총장과의 짧은 런던출장에서 나는 너무 많은 것을 느끼고 배웠고 그리고 나 자신을 반성하는 계기가 됐다.

영어와 국가경쟁력

영어와 국제 경쟁력: 영어 얼마나 필요한가?

지난 몇 달간 대통령 인수위의 영어교육의 강조와 일반과목을 영어로 강의하는 영어몰입교육에 대한 찬반양론이 나라를 떠들썩하였었고 새정부가 출범한 지금도 중요한 쟁점이 되고 있다.

대학에서는 일반과목을 영어로 강의하면 인센티브를 주는 제도가 벌써부터 시행되어 왔다. 전공과목을 영어로 10여 년간 강의한 경험을 바탕으로 영어 얼마나 필요한가?에 대하여 깊은 생각을 해보았다.

현재 쟁점은 크게 네 가지로 보인다. 영어가 국가경쟁력강화에 도움이 되는가?, 모든 사람이 영어를 다 잘 할 필요가 있는가? 영어를 영어로 가르치는 것과 일반과목을 영어로 가르치는게 꼭 필요한가? 외국에 자녀를 보내는 기러기가정 문제를 해결할 수 있는가? 등이다.

첫째, 우선 영어가 국가경쟁력 강화에 도움이 되는가라는 문제를 살펴보자. 한국과 같이 부존자원이 적고 국토가 좁은 나라가 살길은 세계와의 무역과 교류를 통한 세계화에 있다는 것은 누구나 공감한다. 세계화에 있어서 영어가 필수적이라는 것도 엄연한 사실이다. 모든 분야가 그러하다. 현재 삼성, LG, 현대와 같은 기업은 세계 어디서나 그 제품을 볼 수 있는 세계적인 기업인데 영어는 그들의 기업운영에 필수적이다. 대학도 국제학회에서 논문을 발표하고 국제저널에 논문을 출판하는 것이 필수적인 상황에서 영어논문의 중요성은 증대되고 있다. 한국에 투자한 많은 외국기업들이 한국에서 좀더 영어가 보편화되기를 원하고 있다. 심지어 세계로 뻗어가는 한국 스포츠 스타들도 영어의 중요성을 깨닫고 있다. 영어가 국가경쟁력에 도움이 된다는 것은 인정하지 않을 수가 없는게 현실이다.

그러면 영어를 필요로 하지 않고 생활하는 많은 국내인들은 어떤가? 개개인으로 볼 때 영어가 더 중요한 직업에 종사할 수도 있고 덜 중요한 직업일수도 있다. 전혀 필요없을 수도 있다. 그러나 교육정책은 전체적으로 국가의 목표가 어디를 지향하는가를 생각해야 한다. 이 문제에 대해 좀더 깊이 생각해보자.

둘째, 자주 문제가 되는 것이 모든 사람이 영어를 다 잘할 필요가 있는가 하는 점이다. 자주 인용되는 국가가 필리핀과 일본이다. 필리핀은 모든 국민이 영어를 잘해도 못살고 일본은 잘 못해도 잘산다는 논리이다. 영어는 국가경쟁력의 필요조건이지 충분조건은 아니다. 필리핀 같은 나라는 영어는 잘해도 그밖에 국가인프라가 미흡하여 문제가 있는 것이다. 영어를 통해 작은 국가지만 세계로 뻗어가는 네덜란드, 싱가포르, 홍콩 같은 국가는 어떠한가? 일본은 영어를 못하지만 잘산다는 논리도 옳지 않다. 일본도 영어공용화까지 거론될 정도로 영어교육에 심혈을 기울이는 국가이다. 무역을 하는 일본기업인은 영어실력향상을 위해 무척노력하며 자국영어교육의 한계를 한탄하기는 우리나 마찬가지이다.

영어를 필요로 하는 사람만 영어를 배우면 된다는 논리도 약간의 문제가 있다. 청소년시절 학생들은 영어가 필요한 직업으로 자기가 나가게 될지를 아직 모르기 때문이다. 필요로 할 때 배우면 이미 늦다. 언어는 어려서 습득되어야 하기 때문이다.

셋째, 영어를 영어로 강의하는 것, 일반과목을 영어로 강의하는 것

등은 그렇게 쉬운 문제는 아니다. 최소한 영어를 영어로 강의하는 것은 매우 중요한 것으로 보인다. 외국어의 습득은 두뇌에 두개의 프로세서(processor, 언어구사 장치)를 만드는 것이다. 이 프로세서들은 병렬로 연결되어 있어야 하며 직렬로 연결되어 있어서는 안된다. 한국어로 생각하고 영어로 번역하려면 이미 늦은 것이다. 영어로 들으면 영어로 대답하고 한국어로 들으면 한국어로 대답하는 두개의 장치가 있어야 하는 것이다. 이러한 두개의 장치의 병렬화는 어려서부터 훈련되어야 하고 영어는 영어로 한국어는 한국어로 이해하는 능력이 필요하다.

일반과목의 영어강의는 아마도 전부 그렇게 할 필요는 없다고 본다. 그러나 수학, 과학 같은 과목은 많은 용어들이 다시 대학에 와서 영어로 바꾸어 공부해야 하는 부담으로 인해 애를 많이 먹는 것을 보아왔다. 과목별로 영어강의 여부를 결정하는 것도 좋을 것으로 보인다.

마지막으로 기러기가정을 줄일 수 있느냐 하는 것이다. 이 문제는 간단하지는 않다. 기러기 가정들이 꼭 영어교육만을 위해 외국으로 나가는 것은 아니기 때문이다. 주입식 대학입시 위주의 한국교육의 한계를 인식하고 외국으로 자녀를 보내는 경우도 많기 때문이다. 국내영어교육이 강화되면 기러기 가정이 다소 줄겠지만 크게 영향을 미치지는 못할 것으로 보인다. 오히려 대학입시 위주의 한국 중고교 교육의 단조로움을 해소하는 사회적 합의가 있을 때 기러기 가정은 줄어들 것이다. 그리고 외국으로 자녀를 일찍 보내는 국제 감각을 익히려는 노력은 때에 따라서는 필요할 수도 있다. 한국어와 한국문화를 잘 소화하려는 노력이 병행된다면 이러한 이중문화, 이중언어 습득은 개인이나 국가발전에 도움이 될 수도 있기 때문이다.

대학에서 영어로 일반과목을 강의하는 목적은 지식의 전달에 있기보다는 지식의 토론에 있다고 본다. 영어가 모국어가 아닌 교수가 영어로 지식을 전달하는 것은 악센트가 있는 영어를 잘못 전수할 수도 있다. 그러나 학생들이 그룹토의를 통해 영어로 자유롭게 발표하도록 수업을 유도함으로써, 영어토의와 회화에 자신감을 갖는 데는 절대 도움이 되고 있다.

영어교육의 문제는 수 십 년간 합의가 쉽게 이루어지지 않는 문제로 그 해법이 쉽지 않다.

그러나 점차 세계화로 인하여 기업, 교육, 문화, 경제, 외교 모든 분야에서 세계와 교류하지 않고는 생존할 수 없는 이 시점에서 또한 작은 국가로서 강소국을 지향하는 한국으로서 반드시 해법을 찾아야 한다고 생각한다.

강소국으로 가는 길과 영어강의

지난주 안데르센의 동화 '인어공주'로 유명한 덴마크의 작은 도시 올버그라는 곳을 다녀왔다.

유럽을 자주 다닌 사람들도 덴마크의 내륙의 도시 올버그는 잘 모르는 듯 했다.

이곳 올버그대학이라는 곳에서 세계 대학평가 회의가 열렸고 한국의 대학평가 포럼의 대표로 참가하게 되었다.

덴마크가 선진국이라고 부르는데 의아해 하는 사람들이 많다. 남한의 반 정도밖에 안되는 땅에 인구 500만 정도의 국가지만 1인당 소득은 5만 달러에 가까운 나라이다. 부자이긴 틀림없지만, 국제적 영향력이 네덜란드나 스위스 보다는 작다고 느끼는 사람들이 많기 때문이다.

그러나 저자는 덴마크를 선진국이라고 부르는데 주저하고 싶지 않다.

덴마크는 원래 동쪽 섬에 있는 현재의 수도 코펜하겐을 중심으로 원을 그으면 포함되는 노르웨이, 스웨덴의 일부를 소유하고 있었다고 한다. 또한 현재도 쓰지는 못하지만 면적이 220만km²에 달하는 세계 최대의 섬 그린란드를 소유하고 있다.

이는 현대 국토가 재편되긴 하였지만 한때 세계를 지배한 강소국이라는 점에서 네덜란드와 흡사하다.

또한 사회복지가 발달하여 취업을 못해도 나라에서 충분한 생활비를 제공하고 자발적으로 일자리를 찾을 수 있도록 정부가 지원한다고 한다. 또한 사망할 때 까지 병들고 아플 때도 치료비도 내주고 연금으로 행복하게 살 수 있도록 해준다고 한다. 물론 창조적인 교육적 환경도 매우 높은 것으로 평가된다.

여러 가지 측면에서 볼 때 비록 겉으로 보여지는 통계로는 군사력이 높고 국민총소득은 대형 선진국에는 규모는 못 미치지만, 덴마크는 세계에서 가장 행복한 나라로 행복지수 1위인 선진국이라는데 이의를 달기 힘들다.

덴마크와 네덜란드 같은 나라가 갖는 강소국들의 가장 중요한 바탕은 무엇일까? 그건 그들이 가지고 있는 국제성이 아닐까 생각해 본다.

덴마크에 머무르면서 언어소통에 전혀 문제가 없었고 외국인을 대하는 감각이 뛰어났다고 느꼈다. 호텔에서도 택시를 탈 때도 언어, 문화적인 차이를 느끼지 못할 정도로 국제적인 지역이고 도시였다.

최근 포스텍에서 다시 영어강의 문제가 뜨거운 감자로 등장했다. 주기적으로 캠퍼스를 흔들면서 뛰어오르는 이슈이다.

한국과 같이 부존자원이 적고 국토가 좁은 나라가 살길은 세계와의 무역과 교류를 통한 세계화에 있다는 것은 누구나 공감한다. 네덜란드, 덴마크, 스위스로 대변되는 이들 국가의 공통점은 영어가 자국의 언어와 함께 아주 자유롭게 구사되고 있다는데 있으며, 경제 및 국가의 활동이 국가의 크기와 상관없이 세계화 돼 있다는데 있다.

대학에서의 영어강의는 끊임없이 찬반 토론이 지속되고 있다.

지난 수년간 대학에서 수업을 영어로 강의하는 영어몰입교육에 대한 찬반양론이 엇갈려왔다. 영어로 강의하는 것은 그렇게 쉬운 문제는 아니다. 사실상 영어 강의 때문에 발생하는 지식전달의 불편함도 문제이기도 하다.

그렇기 때문에 영어강의의 진정한 목적은 지식의 토론에 있다. 학생들이 그룹토의를 통해 영어로 자유롭게 발표 하도록 수업을 유도함으로써 영어토의와 회화에 자신감을 갖고 이를 졸업후 활용하도록 훈련하는데 목적이 있다.

언어는 가능하면 일찍 습득해야 하기 때문에 대학에서 이를 훈련시켜야 한다.

영어와 국가경쟁력, 영어강의를 놓고 아직도 토론의 여지가 있고 방법상의 문제를 안고 있다. 그러나 점차 세계화로 인해 기업, 교육, 문화, 경제, 외교 모든 분야에서 세계와 교류하지 않고는 생존할 수 없는 이 시점에서, 작은 국가로서의 강소국을 지향하는 한국으로서는 반드시 적정한 해법을 찾아야 한다.

덴마크의 작은 도시 올버그를 떠나면서 한국이 강소국으로 가는 길은 무엇일까 생각해 보았다.

그리고 영어강의의 의미를 되새겨 보았다. 지식전달의 불편함에도 불구하고 우리 학생들을 영어의 자유로운 구사를 위한 훈련과정이라고 생각하면 어떨까?

해외대학 분교와 대학경쟁력

어제 또 하나의 해외대학 분교가 인천송도에서 문을 열었다. 미국의 수도 워싱턴대학 부근의 조지 메이슨(George Mason)대학이 경영, 경제학과를 설치하고 한국에서 학생을 모집하기 시작했다.

오픈행사가 있었고, 저자는 패널토의에 참가해 해외대학 한국분교의 역할에 대해 여러 가지 토론을 벌일 기회를 가졌다.

송도에는 이미 3개의 해외대학이 있고 10여 개가 협상 중이라고 한다. 송도뿐만 아니라 세종시, 제주도 등 여러 지역에서 해외대학 분교 유치 붐이 일고 있다.

이제 한국의 대학들도 해외대학의 국내진출로 인해 바짝 긴장하지 않을 수 없을 것 같다. 출산감소로 입학생들의 자원이 줄고 있는데다가 해외대학의 국내진출은 양적, 질적으로 국내 대학에 큰 압박으로 작용하게 될 전망이다. 그러나 그러한 압박은 한국대학의 국제경쟁력

향상으로 이어질 수 있는 좋은 기회가 될 수도 있다.

해외대학의 한국 분교는 아직 걸음마 단계이고 현재 신입생 선발도 기대치만큼 높지는 않은 것으로 알려져 있는 가운데 이러한 대학들의 성공전략과 한국대학교육의 발전을 위한 생각들을 정리해 본다.

우선 한국분교를 가려는 한국학생들의 동기는 크게 세 가지로 구분된다. 첫째는 글로벌마인드를 가진 그룹으로 영어의 중요성과 글로벌교육에 대한 지향, 둘째로는 한국식교육에 회의를 가지고 좀더 창의적인 해외대학의 교육에서 돌파구를 찾으려는 것, 셋째는 해외대학원에 진학하려는 중간단계로 생각하는 것 등일 것이다.

이러한 동기들을 한국분교들이 적절히 만족시켜 주는 것이 필요하다.

한국이 글로벌화 되고 있고 글로벌 인재를 필요로 한다는 것은 누구나 공감하고 있다.

한국과 같이 부존자원이 적고 국토가 좁은 나라가 살길은 세계와의 무역과 교류를 통한 세계화에 있다. 성공적인 국가군인 네덜란드, 오스트리아, 스위스 등의 유럽국가와 이스라엘, 홍콩, 싱가포르 등 아시아 국가들의 공통점은 영어가 국가적 차원에서 자국의 언어와 함께 아주 자유롭게 구사되고 있고 경제 및 국가의 활동자체가 글로벌화 돼 있다는 데에 있다.

우리도 마찬가지이다. 이제 한국을 대표하는 기업 삼성, LG, 현대, 기아와 같은 기업은 세계 어디서나 그 제품을 볼 수 있는 세계적인 기업이다. 싸이의 ‘강남스타일’, 한류드라마 등으로 대표되는 한국의 문화도 점점 글로벌화 되고 있다. 이제 한국은 세계의 한국으로 거듭나야 하며 우리는 그러한 인재를 필요로 하고 있다. 이러한 한국의 글로벌화에 한국분교들이 큰 역할을 할 수 있다.

또한 창조적인 교육 필요성도 증대되고 있다. 창의력은 타고난 재능과 교육의 융합체라고 할 수 있다. 타고난 재능만 가지고 기본적인 지식이 없다면 창의가 발휘될 수 없고, 타고난 재능이 없다면 지식만 가지고도 창의력은 발휘되기 쉽지 않다.

한국인은 창의력에서 타고난 재능이 있다고 본다. 문제는 교육의 문제였다. 지금까지 현대 대학교육 100년의 역사는 암기식 위주의 초중고 교육의 연장선에 있었고 그 결과는 과학 노벨상수상자 전무라는 참담한 결과를 가져왔다.

교육은 자기가 공부하고자 하는 한 곳에 열중하고 미치는 환경을 유도해야 한다.

기초지식을 위해 기초 공부를 얼마나 시켜야 창의력 배양과 균형을 이룰까 하는 문제가 큰 이슈인데 이를 한국 분교들이 충족시켜 줘야 한다. 창의력은 재능을 가진 사람에게 기본적인 원리를 가르쳐주고 충분히 사고하도록 내버려 두는 것이 핵심적인 요소라고 생각할 수 있다. 창의력은 결국 교육적인 환경에 의해서 만들어 질 수 있는 것이라고 결론지을 수 있다. 이러한 환경도 한국 분교들이 제공할 수 있어야 한다.

'STEMtoSTEAM'이라는 말이 있다. 과학, 기술, 공학, 수학으로 대변되는 STEM에서 Art를 더한 STEAM은 현대가 필요로 하는 새로운 인재상이다.

과학과 인문의 융합의 성공작 애플의 스티브 잡스가 STEAM의 대표적인 성공사례라고 할 것이다.

결론적으로 앞에 열거한 조건들을 만족시킬 때 한국 분교들은 성공할 수 있고 한국대학들에도 큰 자극이 되고 경쟁력을 높이는 데 도움이 될 것이다.

물론 이러한 조건들은 현재 한국대학들의 글로벌 경쟁력을 높이는 절대 조건이다.

경쟁은 항상 품질을 높이는데 기여한다는 점에서 해외대학 한국 분교들을 우리는 예의주시할 필요가 있으며 한국대학의 경쟁력을 높이는데 활용돼야 한다.

MOOC의 전제조건

새해부터 포스텍은 포스텍 강의를 온라인을 통해 전 세계에 개방할 것이라고 선언하였다.

“포스텍 멋쟁이!”라고 외칠만큼 신선한 충격이다. 포항지역이 혁신적 교육에 있어서 전국을 선도하는 좋은 단추이기도 하다.

구체적으로 포스텍은 국내대학으로서 최초로 ‘MOOC(Massive Open online Course: 온라인공개수업)’를 통해서 공간과 시간의 한계를 넘는 강의실로 혁신할 것이라고 밝히면서 세계적인 MOOC인 코세라와 손잡고 포스텍 강의를 전 세계에 개방한다고 희망에 넘친 야심찬 계획을 밝혔다.

이를 위해 이미 포스텍은 지난해 12월 코세라와 MOU를 체결하였고, 올해부터 철강분야 등 세계적 경쟁력을 가진 과목을 개발해 전 세계에 강의를 제공해 나갈 것이라고 밝혔다. 이와 함께 MOOC 과목 수강을 통한 학점인정제도를 도입할 예정이라고 한다. 초기단계로서 서울대, KAIST와 공동 개발해 올해부터 제공될 'SKP 과학기술 MOOC'의 수업을 수강하는 학생들은 학점을 인정받을 수 있게 된다고 한다.

"MOOC를 적극 활용하는 것은 캠퍼스 안에서만 머물던 강의를 개방해 강의의 질을 높이고, 잠재력을 갖춘 학생들을 지성과 창의성을 겸비한 인재로 양성하는데 목적을 둔다"고 포스텍은 밝혔다.

이러한 계획을 우선 쌍수로 환영한다.

MOOC는 스탠퍼드, MIT, 하버드 등 미국의 여러 대학들이 주도해 전 세계적으로 퍼지고 있으며 웹서비스를 기반으로 이뤄지는 상호참여적, 거대규모의 교육을 의미한다. 비디오나 유인물, 문제집이 보충자료가 되는 기존의 수업들과는 달리, 온라인공개수업은 인터넷 토론게시판을 중심으로 학생과 교수, 그리고 조교들 사이의 커뮤니티를 만들어 수업을 진행하는 것이 특징이다. 온라인공개수업은 원격교육이 진화한 형태이다.

코세라는 2012년 스탠퍼드대 컴퓨터공학과 교수들이 공동 창업한 영리기업으로 2013년 현재 스탠퍼드대, 예일대, KAIST 등 세계 100여개 대학이 참여하고 있다. 또한 에덱스는 MIT와 하버드대가 공동으로 투자해 세운 비영리기관으로 2013년 현재 MIT, 하버드대, 베이징대 등 29개 대학이 참여하고 있다.

이러한 MOOC의 열풍은 예외없이 세계적인 대학이 주도하고 있다. 그렇다면 포스텍이 한국을 선도하는 대학으로 MOOC에 합류한 것은 거듭 환영할 일이지만 문제점은 없는 지 냉철히 돌아보아야 한다.

이러한 MOOC를 시행하기 위한 기반조건이 제대로 되어있는가?

교수들에게 MOOC를 이용한 '거꾸로 교실(flipped learning)' 방식의 교육을 장려하는 것이 중요한데 이는 학생들이 MOOC를 통해 사전학습을 수행한 뒤 강의실에서는 교수에게 의문점을 질문하고, 이슈에 대해 토론하는 방식의 역(逆)진행식 수업이다. 한국의 교수들, 포스텍 교수들이 이에 대한 충분한 준비가 되어있는 지 돌아봐야 한다.

또한 현재 MOOC를 통한 수강생들의 수강 성취율이 7%에 불과하고 초기 포기자들이 속출하는데, 이는 어떤 측면에서 자원의 낭비이고 대학의 질서를 무너뜨리고, 대학강의의 권위를 상실하는 수강생들의 나태성만 키울 수 있다는 우려도 있다.

또 K-MOOC 등 한국에서 무크가 보편화될 경우 수강생들의 개별적인 수업관리를 어떻게 진행할 지에 대한 고민은 이미 기존의 MOOC에서 나타난 고민 중의 하나 일 것이다.

포스텍이 한국의 대학들이 MOOC에 승부수를 던지기에 앞서 포스텍, 그리고 한국의 대학들의 세계적인 위상을 높이는 일이 절대 선행돼야 할 것이다. 또한 대학강의의 국제화, 가령 영어강의의 보편화 등도 선제조건이다.

스탠퍼드, MIT 등의 대학들이 MOOC를 선도하는 것은 그들 대학의 높은 위상과 영어권의 선도적인 이점 때문인 것은 두말할 나위가 없다.

MOOC는 포스텍, 한국을 선도하는 주요대학의 승부수 일 수도 있지만 전제조건의 성취 없이는 용두사미가 될 우려도 있기에 세심한 준비와 기획이 필요해 보인다.

유학생 10만명 시대

지난 18일 학생회관에서 다양한 국가에서 포스텍으로 유학 온 외국인 학생들이 해외로 유학을 떠나려는 포스텍 학생들에게 현지 사정을 설명해주고 있는 광경을 봤다.

이제 포스텍에 프랑스, 미국, 독일 학부 교환학생이 들어와 있는 것은 흔한 풍경이고 대학원에서는 중국이나 베트남과 같은 외국인 학생들이 유학하는 것을 흔히 볼 수 있다. 학부든 대학원이든 거의 10%가 넘어서는 학생들이 외국인 학생들로 채워지고 있다. 이러한 현상은 저자가 대학을 다니던 30~40년 전과 비교하면 판이하게 다르다. 당시 대학에는 외국인 학생이 거의 없었고 따라서 대학 내에서 영어를 들을 수 있는 기회는 거의 없었다.

그러나 이제 포스텍 대부분의 강의가 영어로 진행될 정도로 캠퍼스 내에서 영어를 쉽게 접할 수 있게 되었다.

과거에도 유학생이 있었지만 영어권 국가에 집중되어 있었다. 미국이나 영국과 같은 영어권 국가의 대학들에 집중적으로 유학을 갔고, 유학을 보내는 대학은 아시아나 중남미 대학에서 대다수 유학생을 보냈다. 그러나 전 세계 유학생 500만 시대인 이제는 유학생을 받는 대학과 보내는 대학이 여기저기 뒤엉켜있는 상태이다.

중국이나 한국 같이 전통적으로 유학을 많이 보내는 나라에서도 이제 유학생을 많이 받아들이고 있다.

현재 대학 내 외국인 학생들 중 학위과정 60%, 비학위 과정 50%는 압도적으로 중국이 차지하고 있다고 한다. 중국인 유학생의 수가 압도적으로 많은 것은 지리적으로 가깝기도 하겠지만 양국 국교의 정상화와경제적으로 하나의 시장권으로 묶이면서 인적 교류가 더욱 활발해졌기 때문일 것이다. 지금 10만 명 유학생 시대를 맞이한 한국에서 중국인 학생이 거의 6만 명에 가까운데 이는 인구를 고려할 때 상당히 높은 비율이 된다.

최근 사드(THAAD) 문제로 유학생이 감소할 우려가 있으나 장기적으로 계속 늘어날 것이라고 본다.

중국 유학생이 한국을 선택하는 이유는 낮은 문화적 차이와 비교적 적은 생활비, 높은 안전도 등이 작용했을 것이다. 특히 한류의 영향은 비학위과정 연수생들에게 많은 영향을 줬을 것이라 생각한다.

외국인 유학생을 관리하는데 있어서 중국인 유학생의 경우 몇 가지 고려해야 할 점이 있다.

하나는 질적인 문제이다. 한 예로 일부 중국인 학생들이 강의에 잘 들어오지 않거나 등록만 한 후 취업을 하는 문제가 있다고 알려져 있다. 이런 학생들 대부분은 중국 내에서 대학에 들어갈 수 없어서 한국으로 유학을 온 케이스기 때문에 이들에 대한 질적 관리가 필요하다. 교육부에서 유학생을 종합적으로 관리해야 한다고 본다.

두 번째는 교육적 관리라고 할 수 있다. 교육적 관리는 영어강의를 확대하고 글로벌한 교육을 제공하는 것이다.

일본과 프랑스의 경우 자국 언어를 공부하도록 강요해 왔으나 최근 글로벌 시대에 있어 일본 대학들도 영어 강의를 확대하고 있으며 나폴레옹이 세운 프랑스의 유명한 에콜 폴리테크니크(Ecole Polytechnique)의 경우 모두 영어로 강의하는 등 글로벌 교육에 대한 관심이 집중되고 있다.

세 번째는 이들에게 한국 문화를 습득하게 함으로써 그들의 나라에 돌아갔을 때 한국의 네트워킹을 풍부하게 확장할 수 있는 첨병이 될 수 있도록 해야 한다.

결론적으로 첫째, 중국에서 대학을 졸업하지 못해 들어온 유학생들에 대한 철저한 질 관리, 둘째, 양질의 교육 제공, 셋째, 한국 문화 습득을 통해 한국의 팬(fan)이 될 수 있도록 유도해야 한다.

유학생 10만 시대에 유학생 숫자가 중요한 것이 아니라 유학생들을 철저히 관리해 그들이 자국으로 돌아갔을 때 한국에 대한 좋은 인상을 심어주는 진정한 글로벌 유학 환경이 갖춰지길 바란다.

미국과 한국의 졸업식 풍경

지루하지만 일어나서 퇴장하는 학생은 없었다.

입장할 때나 졸업장을 받으러 행진하면서 온갖 흥미로운 몸놀림을 하면서 자유분방 하지만 남을 배려하는 질서는 유지된다.

식장 바깥에서 서성이는 졸업생들은 식이 진행되는 중간에는 볼 수 없었다.

며칠 전 미국대학 졸업식에 참석해 본 풍경이다. 이제 얼마 안 있으면 한국의 각 대학 졸업식이 시작된다.

몇 년 전 포스텍 졸업식장에서는 가벼운 소동이 있었다. 학사, 석사, 박사 학위를 일일이 학생들을 등단시켜 주는 가운데 시간이 너무 걸려 졸업식이 2시간을 넘어가고 있었다.

한 명, 두 명 졸업생들이 자리에서 일어나 나가기 시작했고 바깥에서 가족들과 사진을 찍는 모습도 보였다. 그리고 얼마 안 있어 상당수 의자가 비게 됐다. 그 날 연단에 있던 분들이 불쾌감을 나타내고 역정을 낸 사건은 꽤 유명한 일화로 남아 있다.

이후 포스텍의 졸업식은 졸업생들을 일일이 등단시키는 과정을 대폭 축소시켰고 시간도 단축됐다.

사실 이런 풍경은 다른 대형 대학에서는 이미 익숙한 풍경이라고 한다.

요즘은 나아졌겠지만 몇 년 전 서울의 한 유명대학 졸업식에 가보니 학사학위 졸업생들은 아예 졸업식장에 들어가지 않고 있었다. 왜냐고 물어보니 대학원생들만 식장에 들어가고 학사 학위생들은 가운을 입은 채 바깥에서 사진만 찍는 것이 관례화 돼 있다고 한다.

졸업식장 바깥은 꽃을 파는 장사꾼들과 가족, 친구들로 아주 무질서하고 식장 안에서 무슨 일이 벌어지는지 졸업생들은 관심도 없이 가족, 친지들과 어울리고 사진을 찍고 있었다.

한국 대학의 졸업식장과 미국 대학의 졸업식장 모습에서 두 나라의 문화적 차이를 확연히 느낄 수 있었다.

자유분방하지만 남을 배려하는 문화와 엄격한 규율 속에 성장하지만 남을 배려하기 힘든 문화의 차이다.

한국에서 남을 배려하지 않는 문화는 너무도 보편화 되어 있다.

빌딩 문을 열고 들어갈 때 뒤에서 따라오는 사람을 위해 문을 잡아주지 않는 경우도 흔하거니와 잡아줘도 뒤따라 들어온 사람이 고맙다는 말을 안 하고 휙 지나가는 경우가 많다.

복잡한 길거리나 백화점에서 남을 툭 치고 지나가면서 "Excuse me(미안합니다)"는 미국에서는 생활화 되어있고 일본에서도 "스미마셍"이라는 같은 뜻의 단어가 일상생활에서 무척 많이 쓰이고 있다.

그러나 유독 한국에서는 남을 치고 지나가면서도 아무런 인사말이 없는 경우가 많다. 당하는 사람은 불쾌한데도 아무런 말이 없이 지나간다. 왜 "죄송합니다"라는 말을 하지 못할까?

또 하나 재미있는 이야기를 최근 들었다.

한국 골프장에서도 서투른 골퍼들 뒤에서 따라오는 팀들이 야유를 하고 빨리 가라고 재촉하는 경우가 종종 있다.

그런데 얼마 전 친구에게 들은 이야기로는 일본에서 골프 할 기회가 있었는데, 카트가 고장 나 5분여 서 있는데, 뒤 팀이 아무 소리 않고, 무작정 기다려 주었다는 것이다. 또 연세든 분도 계셔 팀 전진 속도가 느렸는데도 뒤 팀이 나타났다 사라졌다를 반복하길래 왜 그러느냐고 나중에 물어보니, 앞 팀에 압박감을 주지 않기 위해서였다고 한다.

미국과 일본이 문화적 배경은 엄청 다르지만 '남을 배려하는 문화'에 있어서 공통점을 가지고 있다는 점이 흥미롭다.

이러한 문화가 이 두 개의 전혀 다른 국가가 선진국이 되는 힘이 아닐까?

우리도 남을 배려하는 문화를 배워야 한다. 이제 한국도 하드웨어로는 선진국이다. 남은 것은 소프트웨어가 선진국이 되는 숙제가 남아 있다.

과학자들의 역할

2년 전 중국의 칭화대학 100주년 기념식에 참석한 적이 있다. 미국 예일, 버클리대학 등 세계 100대 유명대학의 총장들이 많이 참석한 가운데 성대히 거행되었다.

한국에서도 몇 개의 대학이 초대돼 국제협력위원장의 자격으로 참석할 수 있었다.

퍽 인상적인 것은 참석대학들은 강연을 듣고 기념식에 참석한 후 캠퍼스 내에 거행된 각 대학별로 이름이 새겨진 기념식수에 참여하였다.

그러나 더 인상적이었던 것은 후진타오 국가주석의 연설이었다.

칭화대학은 중국의 MIT로 불리우는 대표적인 이공계대학이다. 기념식장에서 연설한 후진타오 당시 중국주석은 칭화대학 공업화학과 졸업생이라고 한다.

알게 된 사실은 후진타오뿐만 아니라 현 시진핑주석, 과거개혁을 주도한 주룽지 총리도 칭화대학 출신이라는 사실이다. 이들은 일컬어 '칭화방'이라고 불리운다고 한다.

최근 뉴스를 보면 한국대학에서도 이공계를 나온 대학 총장의 비율이 급격히 늘고 있다고 한다. 이미 최근 대기업 임원들의 전공별 판도가 상경계열에서 이공계열 출신으로 빠르게 이동 중이라는 뉴스도 보았다.

이공계 졸업생의 장점은 논리적이고 수학적인 감각이 있어 이를 경영, 경제, 정치, 외교 등에 다양하게 활용할 수 있다는 점이다. 최근 금융도 금융공학, 회계도 회계정보학, 마케팅도 마케팅공학 등으로 사회과학도 좀더 과학적인 접근 방식을 선호하는 것이 추세이다.

그러나 아직도 갈 길은 멀어 보인다. 공고한 고시제도와 '사농공상'으로 대표되는 유교적 사상 그리고 이공계 학생들의 의과대학에 대한 열망 등으로 인하여 고교생의 이공계 진학지망의 열기는 기대에 못 미치고 있다. 이들이 사회적 진출이 법대, 경영대에 비해 제한적이라는 생각이 배후에 깔려 있을 것이라는 생각이다.

기업쪽의 이공계의 약진과는 달리 각종 고시시험으로 보호되고 있는 공무원과 정치쪽에선 여전히 이공계 출신의 역할이 제한적이라는 것이 현실로 보인다.

삼성, 현대 등의 대기업의 세계의 진출과 글로벌화, 그 결과로 과학기술을 기반으로 하는 공산품이 중요시 되는 수출입으로 먹고 살아야 하는 나라가 되고 있는 현실에서 인재등용의 패러다임이 좀더 전향적으로 바뀌어야 한다.

다시 말하여 기업은 물론이지만 사회, 정치, 경제에 좀더 이공계 출신이 적재적소에 배치돼야 한다고 생각한다.

다행히 최근 좀더 많은 우수한 대학생들이 이공계를 택하도록 정부가 이공계 학생들에게 정부특별장학금을 주고 또 삼성전자가 "이공계 꿈 심는다"는 과학 토크쇼를 개최하고 중기청이 이공계 전문가 기술개발 서포터즈 사업 등 전후방향으로 이공계 장려의 정책이 정부, 기업에서 펼치는 것은 상당히 고무적인 일로 보여진다.

물론 과학기술인들은 한국에서 노벨상이 나오도록 전공에 집중하여 연구하고 세계적인 업적을 내도록 노력해야 한다. 과학을 통한 여러 가지 제품과 생산의 혁신이 끊임없이 일어나야 한다. 그러나 동시에 과학기술인들은 국가와 사회의 혁신에 기여할 사명감도 동시에 가지고 있다. 그것은 과학기술인이 가진 논리적이고 분석적인 사고를 활용하여 국가나 사회에 봉사해야 하기 때문이다.

아울러 국가나 사회는 이들의 관심과 적극적인 참여를 촉구할 수 있는 제도적 장치도 마련하고 분위기를 형성해 줘야 할 것이다.

과학기술인들, 이공계 과학자들은 좀더 적극적으로 사회에 공헌할 필요가 있다.

그래서 여러 이공계대학에는 리더십 센터가 설치되어 있고 그러한 센터의 역할의 중요성이 증대되고 있다. 저자가 있는 포스텍에서는 벌써부터 이러한 센터가 설치돼 이공계 학생들의 리더십을 길러주고 있다.

지난 반세기 이 나라 경제성장을 주도한 이공계 과학인들은 경제와 산업을 이끌어가는 연구에 몰두하고, 또한 노벨상 도전이라는 창의적 정신 학문에의 정진과 병행하여 사회, 경제, 정치 등 사회의 모든 면에서 그들의 과학적인 사고를 가지고 공헌할 수 있어야 하며 그러한 역량을 길러야 한다고 생각한다.

인문계와 이공계의 조화는 크나큰 시너지효과를 내게 되어 국가와 사회발전에 큰 도움이 될 것으로 생각한다.

대학의 자율성

부산대의 한 교수의 투신이 큰 파장을 일으키고 있다.

부산대에서는 K교수가 투신한 본관 건물에 추모 현수막이 내걸리고, 안타까운 죽음을 애도하는 동료 교수들과 학생들의 행렬이 온종일 이어지고 있다고 한다.

부산대 총장은 이 충격적 사건 이후 이번 일을 책임지고 사퇴 의사를 밝혔다고 한다. 그리고 모든 논의를 원점으로 돌리기로 하였다고 한다. 대학의 자율성을 지키려는 교수회의 결정을 부산대는 받아들일 준비가 되어 있다고 밝혔다.

대학교수의 자살까지 유도한 이번 사태의 본질은 무엇인가?

문제의 발단은 각 대학들이 실시해온 총장직선제를 교육부가 강제로 간선제로 바꾸라고 강권하면서 이러한 문제가 발생하였다. 사실상 부산대가 교수회의 결정을 받아들이면 교육부의 심각한 재정적인 징계를 각오해야 하는 형편이다.

한국의 대부분의 교수들은 부산대가 직면하고 있는 상황을 동정하고 있을 것이다. 자율을 지켜야 하고 그리고 재정적인 불이익을 감수해야 하는 부산대의 처지가 남의 일이 아닌 것처럼 느껴진다.

지난 3월 전국 국립대에 교육부가 보낸 공문이 부산대 교수회에 의해 공개 되었다고 한다. 총장임용후보자 선정 과정과 관련한 학칙 등을 개정해 직선제 요소를 모두 삭제하라는 내용이다. 교육부는 앞서 2012년에도 각 국립대의 총장 직선제 폐지 노력을 평가에 반영해 지원금을 차등 지급하겠다고 발표했었다.

대부분의 국립대가 이에 굴복하여 총장 선출을 간선제로 전환하였고 이제 마지막 남은 부산대가 교수자살이라는 초유의 사태까지 몰고 오면서 극심한 내홍을 겪고 있는 것이다. 전국 거점국립대 교수회 연합회는 대학 자율성을 무시한 교육부의 정책이 이번 사태의 원인이라며 릴레이 집회를 열기로 했다고 한다.

최근 인근의 경북대가 간선제를 통해 선출한 총장을 교육부가 이유도 밝히지 않은 채 승인을 하지 않고 있어 총장공석의 대학으로 유지되고 있고 교수들이 크게 반발하고 있다고 한다.

여기서 우리는 교육부의 역할을 생각하게 된다. 교육부는 교육을 강제로 주도하는 부서라기보다는 교육의 창조적인 사고와 자율을 도와주는 그런 기관이어야 한다는 것은 명백한 사실이다.

교육부는 각급 학교들이 독립적인 사고를 할 수 있도록 도와주어야 한다.

특히 대학의 경우 이 문제는 매우 심각하다. 교육부가 금전적인 지원을 무기로 대학들을 지나치게 감독하고 지휘하려고 한다면 대학들의 창의성과 독창성을 훼손할 수 있기 때문이다.

자율을 주었을 때 자율이 스스로를 정화하는 능력이 있고, 규제보다는 자율에 의한 정화능력이 훨씬 강한 힘을 갖기 때문이다.

대학들이 교육부의 각종 규제에 허덕이지 않아야 한다. 구미 선진국들의 교육부는 학생정원을 정하지도 않고 총장선임 방식을 간섭 하지도 않는다. 각 대학은 다양한 형태의 총장선출 방식을 가지고 있다.

제기된 문제는 사립대학들도 참조를 하였으면 한다.

상황은 다르지만 지금 부산대가 겪고 있는 문제를 지난해 포스텍은 경험했다.

총장선임의 자율성과 교수의견의 반영을 위한 혼란의 시간을 겪으면서 포스텍뿐만 아니라 많은 사립대학들이 '자율'이란 단어를 되새기고 있다.

물론 교수직선제의 폐해도 있고 자율이 방종에 흐르는 일반론도 있다. 하지만 대학의 근본은 창의성에 있고 창의는 자율을 근간으로 하고 있기에 대학의 운영은 국립대학이건 사립대학이건 대학의 자율을 최대한 보장해 주어야 창의적인 힘을 바탕으로 대학은 더 크게 발전할 수 있는 것이다.

부산대 사태를 계기로 교육의 자율성과 창의성이 더 발전되길 기대해 본다.

NOW
Or
Never !

"Tomorrow will be late !"

THANK YOU !!